自适应兴趣点推荐
理论和方法

司亚利 李 峰 著

东北大学出版社
·沈 阳·

图书在版编目（CIP）数据

自适应兴趣点推荐理论和方法 / 司亚利 , 李峰著 .

沈阳 : 东北大学出版社 , 2024. 11. -- ISBN 978-7
-5517-3699-2

Ⅰ . G254.929.1

中国国家版本馆 CIP 数据核字第 2024XL0917 号

内容简介

　　兴趣点推荐作为基于位置社交网络中的一个重要研究领域，极大地促进了推荐系统和社交网络的结合和发展，具有重要的研究意义和应用价值。本书主要研究和阐述自适应兴趣点推荐理论和方法，首先概述了兴趣点推荐及意义、研究现状及发展动态分析。然后提出了用户签到行为的特征提取方法及用户聚类算法，在此基础上，阐述了基于时间特征和用户协同过滤的自适应兴趣点推荐方法、融合时空特征和概率模型的自适应兴趣点推荐方法、结合长短期兴趣偏好的自适应连续兴趣点推荐方法的相关理论。最后构建了云边协同环境下自适应兴趣点推荐总体架构，并阐述了具体实现技术方法。

　　本书全面系统地展示了自适应兴趣点推荐的最新创新性成果及其理论方法，具有完整性、实用性和学术性，助力兴趣点推荐的发展。适合作为研究生和高校教师从事社交网络、推荐系统和人工智能等领域的教学、科研工作和工程应用参考书。可以作为博士研究生和硕士研究生阶段的"推荐系统""人工智能"等课程的教材使用，也可以作为高年级本科生"实用机器学习技术"课程的辅助教材。

出　版　者：东北大学出版社
　　　　　　地址：沈阳市和平区文化路三号巷 11 号
　　　　　　邮编：110819
　　　　　　电话：024-83683655（总编室）
　　　　　　　　　024-83687331（营销部）
　　　　　　网址：http://press.neu.edu.cn
印　刷　者：辽宁一诺广告印务有限公司
发　行　者：东北大学出版社
幅面尺寸：170 mm × 240 mm
印　　张：12.5
字　　数：210 千字
出版时间：2024 年 11 月第 1 版
印刷时间：2024 年 11 月第 1 次印刷
策划编辑：汪子珺
责任编辑：郎　坤　　　　　　责任校对：薛璐璐
封面设计：潘正一　　　　　　责任出版：初　茗

ISBN 978-7-5517-3699-2　　　　　　　　定　价：78.00 元

前　言

移动计算、无线通信和位置获取技术的进步，极大地促进了基于位置社交网络的普及和发展。兴趣点推荐作为基于位置社交网络中的一个重要研究领域，能够根据用户的签到偏好有效地帮助用户探索未访问过的地点，通过提供个性化的兴趣点推荐服务来解决地点信息过载的问题，具有重要的研究意义和应用价值，受到了学术界和工业界的日益关注。

兴趣点推荐研究的关键问题是如何从海量基于位置社交网络的历史签到数据中挖掘出隐含的多维度特性，并将这些特征因素融合到兴趣点推荐模型中，采用协同过滤、矩阵分解、贝叶斯推理、高斯分布和深度学习等技术建模用户的兴趣偏好，为用户个性化、准确地推荐感兴趣并且从未访问过的地点，并提高推荐精度和召回率等性能。但是，在移动终端信息多样化和用户行为多样性的背景下，现有兴趣点推荐方法在用户自身签到行为多样性研究、融合时间特征和空间特征的自适应兴趣点推荐算法，利用循环神经网络实现自适应连续兴趣点推荐算法，以及兴趣点推荐总体架构方面还存在不足之处。

针对上述问题，著者在自适应兴趣点推荐领域进行了一系列深入而系统的研究工作。本书主要对用户签到行为特征提取及用户聚类算法、基于时间特征和协同过滤的自适应兴趣点推荐算法、融合时空特征和概率模型的自适应兴趣点推荐算法、结合长短期兴趣偏好的自适应连续兴趣点推荐算法、云边协同环境下自适应兴趣点推荐等理论和方法进行全面深入的阐述。书中绝大部分内容取材于著者长期以来的研究积累，展示了大量关于自适应兴趣点推荐领域最新的科研成果，具有很高的学术参考价值。

本书主要对自适应兴趣点推荐理论和方法进行阐述，在结构上分为6章。

第1章是兴趣点推荐概述。首先阐述兴趣点推荐及意义，然后分析研究现状及发展动态，最后介绍本书主要研究内容及关系。

第2章是用户签到行为特征提取及用户聚类算法。针对现有兴趣点推荐对用户的签到行为考虑不足、缺乏对用户分类的问题，提出用户签到行为的特征提取方法及用户聚类算法。采用概率统计分析方法，从LBSNs历史签到数据集中提取和分析用户签到次数、签到兴趣点数量和签到时间槽分布数量三维特征。在此基础上，提出基于模糊C均值的用户聚类算法，采用三种指标综合分析聚类的性能，确定最佳聚类数目并给出用户聚类的结果及现实含义。通过对用户自身签到行为特征和用户聚类的深入全面研究，为下一步设计自适应兴趣点推荐算法奠定坚实基础。

第3章是基于时间特征和协同过滤的自适应POI推荐算法。针对基于用户协同过滤的方法无法准确获取用户签到偏好的时间特征、缺乏自适应推荐策略的问题，提出一种基于时间特征和用户协同过滤的自适应兴趣点推荐方法。时间特征对兴趣点推荐有重要影响，通过时间的可变性和相关性特征提取与分析，把时间槽的平滑技术融入用户的相似度计算中，从而在协同过滤中体现用户签到的时间偏好特征，并解决数据稀疏的问题。根据用户之间的相似性特征提取与分析，提出基于阈值过滤的相似用户近邻选择方法，有效缓解用户相似度的计算量，提高用户之间联系的紧密性。针对不同签到特征的用户提出相应的策略进行兴趣点推荐，实现算法的自适应性。

第4章是融合时空特征和概率模型的自适应POI推荐算法。针对空间概率模型推荐方式较单一，并且与用户签到时间偏好的关联较弱问题，提出一种融合时空特征和概率模型的自适应兴趣点推荐方法。通过对兴趣点流行度的特征提取和分析，提出结合整体效应和时间感知的兴趣点流行度计算方法。通过对相邻签到兴趣点的距离特征建模和分析,对基于位置社交网络中大量的兴趣点进行过滤预处理,得到候选兴趣点集合,从而提高兴趣点的空间关联度,降低推荐计算的复杂度。通过在兴趣点推荐算法中选择采用不同的空间模型策略,即时间感知的一维幂律函数概率模型或时间感知的二维高斯核密度估计概率模型,实现针对不同签到行为特征用户的自适应推荐。

第 5 章是结合长短期兴趣偏好的自适应连续 POI 推荐算法。针对已有连续兴趣点推荐方法难以准确体现用户的短期兴趣偏好,以及无法适用于签到行为不活跃用户的问题,提出一种结合长短期兴趣偏好的自适应连续兴趣点推荐方法。该方法将用户的兴趣点签到轨迹序列按照时间窗口划分为近期签到轨迹序列和历史签到轨迹序列,并分别采用循环神经网络模型和长短期记忆网络模型来建模获取用户的短期和长期兴趣偏好。对于签到行为不活跃的用户,提出一种签到轨迹序列填充的方法,将活跃相似用户的近期签到记录,填充到不活跃用户的近期签到轨迹序列中,利用循环神经网络模型对该序列进行建模,将获取到的兴趣偏好作为不活跃用户的短期兴趣偏好,该方法能够有效解决不活跃用户连续签到轨迹序列较短和冷启动的问题。

第 6 章是云边协同环境下自适应兴趣点推荐理论。首先给出研究背景、现状和意义分析,然后概述云边协同环境下自适应兴趣点推荐方法的研究内容和创新之处,最后详细阐述自适应兴趣点推荐框架、云中心自适应学习和边缘侧自适应推荐的具体理论,并且给出原型系统搭建及应用。

本书具有以下鲜明特色。

(1)完整性。内容丰富全面,结构合理,体系完整。纵向贯穿兴趣点推荐研究的完整过程,包括自适应兴趣点推荐的总体模型框架、用户签到行为特征提取、用户聚类分析、用户兴趣偏好的学习建模、结合多种特征的自适应兴趣点推荐算法、算法分析、算法性能评价及应用等。

横向按照研究的先后顺序，由浅入深对自适应兴趣点推荐的五个研究成果进行全面和系统的介绍，包括用户签到行为特征提取及用户聚类算法、基于时间特征和协同过滤的自适应 POI 推荐算法、融合时空特征和概率模型的自适应 POI 推荐算法、结合长短期兴趣偏好的自适应连续 POI 推荐算法、云边协同环境下自适应兴趣点推荐理论。

（2）实用性。本书所建立的理论和方法不仅适用于传统的商品、电影推荐，而且适用于社交网络推荐系统的应用需求，还能扩展到智慧推荐和智慧城市等领域，具有很强的实用性。

（3）学术性。本书具有一定的理论高度和学术价值，书中绝大部分内容取材于著者长期以来的研究积累，展示了大量关于自适应兴趣点推荐领域最新的科研成果，具有很高的学术参考价值。

著者的研究工作得到了国家自然科学基金项目（62102347，云边协同环境下自适应兴趣点推荐方法及关键技术研究）的资助，以及著者所在单位常熟理工学院计算机科学与工程学院的支持，在此表示感谢！

燕山大学张付志教授、常熟理工学院龚声蓉教授，以及邢晓双、钟珊等老师在本书的写作过程中提出了大量细致而宝贵的建议，在此表示衷心的感谢！

由于著者水平所限，加之社交网络兴趣点技术的研究仍处于不断深入过程中，新的研究成果不断涌现，书中不足之处在所难免，恳请专家、读者予以指正。

司亚利　李　峰

常熟理工学院

2024 年 5 月 28 日

目　录

3

第1章　兴趣点推荐概述

兴趣点推荐作为基于位置社交网络中的一个重要研究领域，极大地促进了推荐系统和社交网络的结合和发展，具有极其重要的研究意义和应用价值。本章将从兴趣点推荐及意义、研究现状及发展动态分析、主要研究内容及关系三个方面介绍相关的技术和理论知识。

1.1　兴趣点推荐及意义

1.1.1　基于位置社交网络中的兴趣点推荐

近年来，移动计算、无线通信和位置获取技术的进步，促进了基于位置社交网络（location-based social networks，LBSNs）的普及和发展[1-2]，出现了很多典型的社交网络应用平台，如国外的 Foursquare①、Gowalla②、Facebook③、Twitter[3] 和 Yelp④，国内的大众点评、新浪微博、微信朋友圈以及街旁等。越来越多的人通过智能手机使用在线社交网络，一方面，用户之间能够建立社交关系，发布感兴趣的内容，随时随地分享他们当

---

① https://foursquare.com.

② http:// www.gowalla.com.

③ http:// www.facebook.com.

④ http:// www.yelp.com.

前所在的位置、图片、音频、视频及发表评论等；另一方面，当面对海量的 LBSNs 大数据 [4] 信息资源时，为了缓解信息过载问题，用户可以通过使用 LBSNs 中提供的个性化服务来获得符合用户偏好的推荐内容，如位置、朋友、音乐和广告 [5-6] 等。根据 Hootsuite 和 We Are Social 两家机构进行的全球调查 *DIGITAL IN 2018* 显示，2018 年全球各种社交网络的总用户规模达到 31.96 亿人。截至目前，仅 Facebook 就拥有 30.5 亿月活跃用户。极光大数据发布的《2019 年社交网络行业研究报告》显示，2019 年 2 月我国社交网络行业用户规模达 9.73 亿人。2022 年我国社交网络用户规模约 11.15 亿人，其中移动社交网络用户规模约 10.87 亿人，占比约 97.5%。由此可见，社交网络已经成为当今互联网行业的主流应用，并且用户规模巨大，发展快速。

在 LBSNs 中，位置签到服务是一个重要的、应用广泛的服务。LBSNs 通过 GPS（全球定位系统），或者是 Wi-Fi 定位与地理位置系统相结合来确定用户当前的位置。如图 1-1 所示，真实存在的 LBSNs 用户在现实世界中的地点进行访问，并且使用社交网络提供的用户签到机制，进行实时实地的签到操作行为。通过签到的方式，用户分享其在物理世界中的位置（如经纬度坐标）、访问时间、评论等信息 [7]，而且这些信息将构成一条完整的签到记录，存储在 LBSNs 的用户签到数据集中。具体来说，签到数据中包含四层丰富的信息：签到时间（时间层）、签到地点（空间层）、签到用户（社交层）和用户发布的内容（内容层）[8-9]，分别反映了 When、Where、Who 和 What 四维信息。与传统社交网络服务相比，LBSNs 中的用户签到机制增加了空间维度，使得基于物理位置的现实世界与在线社交网络世界相融合。用户不仅可以基于线下的物理世界来发展线上的社交关系，还可以基于线上的社交关系来探索线下的真实物理世界，使得网络中的社交关系变得更加真实。同时，位置签到服务将用户的社交行为和位置信息结合起来，从多维角度反映了用户访问地点的行为偏好 [10]。

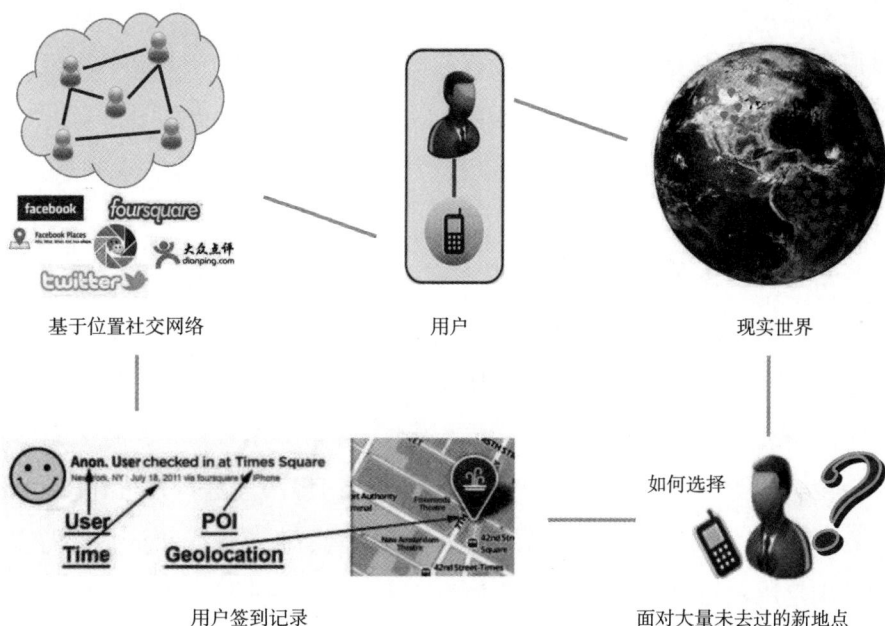

基于位置社交网络　　　　　　　　用户　　　　　　　　现实世界

用户签到记录　　　　　　　　　　　　面对大量未去过的新地点

图 1-1　基于 LBSNs 的兴趣点推荐示意图

随着城市的快速发展，出现了越来越多的地点，如旅游景点、剧院、酒店、银行、商场等，提供给人们更加丰富的生活体验。这些物理世界真实存在的地点，称为兴趣点（point-of-interest，POI）。人们愿意去探索他们日常生活中的城市和地点，根据个人兴趣在多种多样的地点中做去哪里的选择。然而，每个用户访问过和签到的兴趣点只是现实世界中有限的极少数地点，由此产生的一个实际问题是：在用户面临海量的没有去过的地点或者访问陌生城市的情况下，该如何选择感兴趣的地点进行访问？也就是说在现实世界的大量地点中，做一个满意高效的、符合自身兴趣特点的决定是用户面临的一个棘手问题[11]，这就导致"地点信息过载"和"选择恐慌"难题的产生。在这个背景下，为了促进用户挖掘新地点和做决策，兴趣点推荐作为一个新兴的推荐领域，被引入到基于位置的社交网络服务当中[12]。利用 LBSNs 中的用户签到多维信息，从海量地点中为用户个性化地、准确地推荐其有可能感兴趣并且从未访问过的地点，称为兴趣点推荐。基于 LBSNs 的兴趣点推荐能有效解决位置信息过载给用户带来的选择困扰问题[13]，有助于提升用户在社交网络和现实生活中的体验，并能够帮助商家分析和挖掘潜在用户来进行广告推送服务[14]。因此，兴趣点推荐成为了当前研究的热点问题[15-16]。

目前，国内外学者提出了很多有效的 POI 推荐解决方案[17-19]。例如，在兴趣点推荐算法中加入地理影响、时间影响、社交影响、内容影响等一个或多个因素[20-22]，用来提高推荐效果。采用基于用户的协同过滤（collaborative filtering, CF）、概率模型、矩阵分解模型、链接关系图和深度学习等方法[23-26]，对用户、地点、时间等因素进行建模和推荐。虽然已有方法提高了 POI 推荐的性能[27-28]，但是推荐精度和召回率仍然无法满足用户的需求，分析原因主要有两方面。一方面，缺少对 LBSNs 用户自身的签到行为特征、用户签到行为的差异性和用户聚类的深入研究。例如，一些用户热衷于频繁签到和分享经验，而另一些用户却很少签到。因此，对不同签到行为的用户需要进行更深入的特征分析，进而对相同签到行为的用户进行聚类算法研究。另一方面，现有的 POI 推荐算法较少考虑为不同签到行为特征的用户设计不同的推荐算法，对所有用户都采用单一算法进行推荐[29-30]，导致对大多数用户的推荐服务质量不高。如何将用户自身的签到行为特征与其他影响因素结合起来，设计适合不同用户的自适应算法，是 POI 推荐研究的一个亟待解决的问题。

1.1.2　研究意义

兴趣点推荐的目的是有效解决位置信息过载问题[31]，为用户提供高效的、符合用户兴趣偏好的、没有访问过的新地点。从用户的角度来说，访问的地点应该符合用户的兴趣；相反，如果用户访问了不喜欢的地点，会带给用户非常糟糕的体验，特别是当用户去一个新的城市。为此，兴趣点推荐的现实意义是能够根据移动用户实时上下文信息和自身签到行为特征，帮助用户有效探索符合其兴趣偏好、低时延、高质量的新地点[32]，过滤掉不喜欢的地点，从而减少用户做决策的时间，提高用户的生活质量，给用户带来全新的、丰富的社交网络体验和实际生活体验。从商家的角度来说，兴趣点推荐服务可以帮助商家企业挖掘更多的潜在客户，通过推送相关的广告，为商家带来更多的经济利益[33]。

兴趣点推荐的理论意义是在新的应用背景和需求下，对现有传统推荐算法的发展与延伸。传统的商品、电影推荐[34]一般采用显示评分的方式获取用户偏好和历史行为，这种方式易于准确地区分用户的偏好程度，结合用户的历史行为采用协同过滤算法就能够实现较准确的推荐结果。但是，兴趣点推荐相对于传统推荐则更加困难和复杂，其面临的巨大挑战体现在：一方面，用户的偏好往往以隐式的方式存在于历史签到数据中，以地点的签到次数或签到频率表示偏好，致使无法准确理解用户具体的偏好程度；另一方面，现实世界中的位置众多，而每个用户访问的地点只是其中极小的一部分，很多时候用户没有在访问的地点进行签到操作行为。由此产生了 LBSNs 历史签到信息存在数据量巨大、间断性，并且极为稀疏[35-36]的问题，导致推荐精度和召回率等性能较差，这些是兴趣点推荐研究面临的巨大挑战。综上所述，兴趣点推荐具有重要的现实意义和理论价值。

1.2　兴趣点推荐的研究现状及发展动态分析

目前，推荐系统在现实世界中有很多方面的应用，如电子商务、电子商业[37]和基于 LBSNs 的服务[38]，并且开发了各种推荐应用系统，如智能商务搜索引擎 Smart BizSeeker[39]等。本书主要研究 LBSNs 中的兴趣点推荐，因此本节主要介绍兴趣点推荐的研究现状及发展动态分析。

兴趣点推荐通过挖掘签到信息中的用户偏好和影响因素，给用户推荐个性化的没有访问过的地点。兴趣点推荐方法致力于提高推荐算法的性能，即具有更好的推荐精度、召回率等指标[40]。为了进行全面的研究现状分析，从不同的角度对现有兴趣点推荐研究进行分类总结，如图1–2 所示。

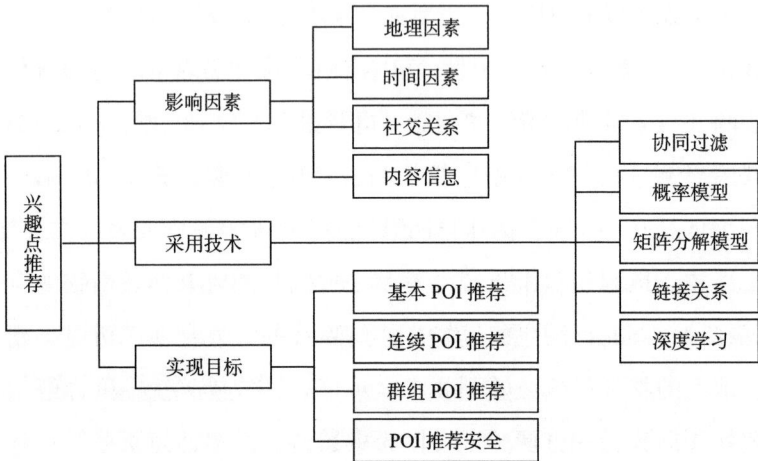

图1–2 兴趣点推荐研究划分

兴趣点推荐实现的目标可分为基本兴趣点推荐、连续兴趣点推荐[41-42]、群组兴趣点推荐[43-44]和兴趣点推荐安全研究。基本兴趣点推荐研究较为普遍，是直接利用历史签到数据集为用户进行某一个时刻的top-n 兴趣点推荐，这种基本兴趣点推荐不需要用户的当前签到信息。连续兴趣点推荐，也称下一个兴趣点推荐，是在给出当前最新的一次签到记录前提下，结合历史签到数据分析，为用户进行下一个兴趣点的推荐。群组兴趣点推荐，研究的是综合考虑兴趣点的合理性和群内影响，为一组用户生成一个最合适的兴趣点推荐列表[45-47]，如为一群好友推荐聚餐地点、为一组公司成员推荐开会地点等。兴趣点推荐安全研究的内容非常广泛，例如，基于k 匿名算法的位置隐私保护[48]，利用部分同态加密设计的用于保护隐私、面向信任的兴趣点推荐协议[49]，基于Paillier 加密系统的多个实体敏感数据的隐私保护[50]，基于随机博弈模型[51]或利用非负矩阵分解

[52] 的用户隐私保护等。

1.2.1　结合影响因素的兴趣点推荐

影响兴趣点推荐效果的因素，一般可划分成四类：地理因素、时间因素、社交关系和内容信息 [53]。在已有的兴趣点推荐算法中，有的算法关注其中一种影响因素，有的算法则融合多个影响因素进行协同推荐 [54-56]。从兴趣点推荐算法所使用的技术角度，可以划分成五类：基于协同过滤的兴趣点推荐算法 [57]、基于概率模型的兴趣点推荐算法 [58]、基于矩阵分解模型的兴趣点推荐算法 [59]、基于链接关系的兴趣点推荐算法和基于深度学习的兴趣点推荐算法 [60-62]。下面从影响兴趣点推荐效果的因素角度、综合采用的技术详细论述兴趣点推荐的国内外研究现状。

1.2.1.1　基于地理因素的兴趣点推荐

地理信息是 LBSNs 兴趣点推荐的最基本、最重要的因素，也是区别于传统项目评分推荐的唯一特征。在现实世界中，用户访问一个地点的意愿和签到行为都与地理特征密切相关。Tobler 地理学第一定律 [63] 描述：“任何事物都是与其他事物相关的，只不过相近的事物关联更紧密。”在这个定律的启发下，基于用户签到信息的地理因素对兴趣点推荐的影响被广泛研究。在兴趣点推荐成果中，主要通过三类模型来描述地理因素：幂律分布模型、高斯分布模型和非参数密度估计模型。

（1）幂律分布模型。幂律分布模型使用距离函数来表示一个用户从当前地点访问到另一个地点的概率，进而向用户推荐最近的兴趣点。Ye 等 [64] 发现用户可能前往的不同地点会形成多个空间集群，并且用户倾向于访问距离较近的地点。因此，他们采用幂律分布模型来描述兴趣点之间的地理影响，提出一个结合用户偏好、社交影响和地理影响的统一 POI 推荐框架，其中采用基于用户的协同过滤、基于朋友的协同过滤和朴素贝叶斯方法。Yuan 等 [65] 提出一种改进的时间感知 POI 推荐方法。

基于用户倾向访问附近兴趣点的观察结果，该方法使用距离函数的幂律分布来建模用户从一个地方移动到另一个地方的概率，其中幂律函数的参数通过最大似然估计来计算得到。之后，他们又提出了一种地理和时间影响的感知图，来对签到记录、地理信息和时间信息进行建模，并且给出了一种广度优先的优先级传播算法来实现有效的推荐[66]。

（2）高斯分布模型。在一些兴趣点推荐方法中，把地理影响建模成高斯分布模型。Cho 等[67] 分析了用户签到的分布情况，观察到用户访问的地点经常围绕在多个中心，并提出了一种周期性和社交性的移动模型。模型使用二维与时间无关的高斯分布来建模用户在家中或工作地点的活动，利用基于期望最大化的方法进行参数估计。Zhao 等[68] 提出了两种获取地理影响的模型：采用高斯混合模型，通过查询用户的签到历史记录，自动学习用户的活动中心；采用基于遗传算法的高斯混合模型，通过消除离群点来对算法进行改进。Liu 等[69] 假定兴趣点已聚集成许多潜在区域，并且每个区域都建模为高斯地理分布，采用幂律的参数项对距离因子进行设置，还采用贝叶斯非负矩阵分解模型对空间影响和用户的个性化偏好进行编码。Liu 等[70] 从位置的角度出发，利用二级地理邻域特征提出了一种基于加权矩阵分解的交替优化算法。Liu 等[71] 提出了一种综合考虑各种因素的泊松地理概率因素模型，该模型基于高斯地理分布的假设，捕获地理因素对用户签到行为的影响。Baral 等[72] 把用户偏好定义为层次结构，为 POI 序列推荐提供层次聚合技术。采用 Haversine 公式计算两个地点经纬度之间的距离，进而聚类成均匀的地理网格；采用高斯混合模型来定义每个区域的用户集群，并且使用 Cosine 相似度计算推荐的目标用户和用户集群之间的相似度。

（3）非参数密度估计模型。用户的签到行为灵活多样，因此兴趣点的地理影响应该具有个性化特征。为了达到这个目标，在基于地理因素的兴趣点推荐中广泛研究非参数密度估计模型，如核密度估计方法等。Zhang 等[73-74] 提出个性化的二维（兴趣点的经度和纬度坐标）核密度估计方法，从历史签到数据中学习每个用户的签到分布模式，从而避免了事先为所有用户设置一个通用距离函数的局限性。他们把序列影响、地理影响和社交影响整合成一个联合位置推荐框架，采用了基于朋友的协作过滤方法、基于签到序列的 n 阶马尔科夫链和快速高斯传递技术。之后，他们研究用户访问地点的社交影响、类别影响、地理影响、序列影响和时间影响[75]，并分别采用核密度估计函数方法进行建模学习用户对兴趣点的访问偏好。Lian 等[76] 提出一个结合二维核密度估计和联合加权矩阵分解的模型，能够有效解决矩阵的稀疏性问题，并能提高推荐的性能。Gao 等[77] 提出一个统一的地理社会框架，把用户对 POI 的偏好与地理影响以及社交关联相结合，采用自适应核带宽的核密度估计方法来模拟 POI 之间的地理影响，将显性和隐性的社交信任关系同时纳入 POI 推荐中，采用基于高斯径向基本核函数的支持向量回归模型来预测用户之间的信任值，提高了推荐的性能。非参数密度估计模型的优点是无须利用历史签到数据分布的先验知识，对用户签到数据分布不附加任何假定，能够完全根据用户签到数据样本自身蕴含的特点和性质，来拟合签到地点的分布特征。

除了上述模型外，还有一些利用地理空间因素的研究。Ma 等[78] 提出一种利用邻居感知影响和自注意力编码的兴趣点推荐方法，深入研究了非线性、复杂的用户与 POI 的交互信息。其中邻居感知解码器用来表示地理空间上下文信息，利用相似邻居和近邻邻居签到的兴趣点信息，采用基于距离的径向基本核函数实现 POI 推荐；自注意力编码器解决兴趣点重要性问题，通过使用多维注意力机制，自适应学习用户对不同兴趣点的不同程度的偏好。Yin 等[79] 提出空间感知的异构协同深度学习模型，在空间方面对个性化偏好进行分层表示学习，采用大众智慧解决用户的冷启动问题。同时，根据用户的异构文本辅助信息，使用深度置信网络学习兴趣点的特征表示，解决了兴趣点的冷启动问题。

上述工作主要依据历史签到数据中的位置及经纬度信息进行地理建

模研究，然而用户并非在所有访问的位置都进行签到操作，导致不能准确反映用户在地理位置上的偏好，因此用户访问地点的实时信息获取及分析还需要进一步研究。

1.2.1.2　基于时间因素的兴趣点推荐

用户访问兴趣点的行为与时间因素有紧密的关系，例如，用户习惯于在中午或晚上去餐厅，在周末去商场、影院等。因此，在兴趣点推荐的研究中，将时间因子与推荐算法相结合能够更好地体现用户签到偏好和时间的联系，从而获得更好的推荐性能。现有结合时间因素的 POI 推荐方法可以分为三大类：基于时间槽的方法、基于时间周期模式的方法和基于时间序列影响的方法。

（1）基于时间槽的 POI 推荐方法。在这类方法中，把一天按照小时分成 24 个相等的离散时间槽，并根据时间槽划分签到记录进行时间影响的分析。因此，基于时间槽的兴趣点推荐方法侧重研究用户在不同时间槽上的签到偏好的差异性。Gao 等 [80] 研究了 LBSNs 用户签到行为的时间特性，提出一种结合时间因素的兴趣点推荐方法。该方法把用户签到矩阵划分成各个时间槽的子矩阵，采用低秩矩阵因子分解技术，把子矩阵分解成相应时间槽下的用户签到偏好矩阵和兴趣点特征矩阵，来推理用户签到的兴趣点和每个时间槽的关联。Li 等 [81] 把时间影响和相邻位置的地理影响相融合，提出一种基于排序的矩阵分解模型，用来学习用户对 POI 的偏好排名。该矩阵分解模型非常灵活，可以扩展到兴趣点推荐包含的各种潜在因素。

然而，由于签到数据的密度很低，基于小时的时间槽划分方法会导致签到数据更加稀疏，所以即使获得了用户在不同时间槽上的签到偏好，但是最终整体推荐效果的提高并不明显。于是，在时间槽的基础上，引入平滑技术来缓解数据稀疏问题。平滑技术针对一个要进行推荐的目标时间，向前和向后同时扩充多个时间槽，综合连续时间段的签到信息来进行分析和推荐，能够反映用户在连续时间槽的签到相似性。Yuan 等[65]提出一种基于用户协同过滤和时间感知的 POI 推荐方法，考虑到每个时间槽都有用户自身的签到特征，通过计算不同时间槽的相似度和采用时间槽的平滑技术来提高推荐性能。然后，他们提出基于图论的兴趣点推荐算法，融合用户签到、连续时间槽信息和地理信息到感知图模型中，进而提出偏好传播算法，利用广度优先搜索策略来选择最佳路径作为推荐结果[66]，增强了时间关联性。

（2）基于时间周期模式的 POI 推荐方法。为了避免数据稀疏造成的时间关联信息丢失，一些研究采用周期性时间模式推导的方法进行 POI 推荐，即按照星期、月份等周期模式来分析用户的签到行为，并依此进行推荐。例如，人们通常在工作日前往与工作有关的地方，在周末去旅游和休闲场所，类似地，一些用户主要在工作日进行签到行为，而另一些用户则主要在周末进行签到。Hosseini 等[82]研究发现，对于兴趣点和用户，都存在以星期为单位的时间周期影响。具体表现为，大多数兴趣点明显在工作日（周一到周五）或周末被访问，用户明显在工作日或周末进行签到行为。因此，选择一周的时间间隔来对用户和兴趣点建立概率模型，能够提高 POI 推荐的有效性。Zhang 等[83]提出了一种利用时间影响相关性进行位置推荐的概率框架，结合基于用户和基于位置的时间因素，划分用户在工作日和周末的签到活动，并使用核密度估计方法来估计时间概率密度。该方法不仅能够向用户推荐位置，还建议用户何时访问推荐的位置。Zhao 等[84]根据月份、星期和小时设计一个时间索引方案，在时间、用户和兴趣点交互的细粒度模型基础上，提出了一种基于排序的对偶相互作用张量因式分解框架，用于推荐连续兴趣点。

（3）基于时间序列影响的 POI 推荐方法。基于时间序列的方法能够为用户推荐下一个兴趣点，Cheng 等[85]使用动态位置转换图从位置序列中挖掘用户签到的序列模式，采用马尔科夫链预测用户访问兴趣点的概率。Wei 等[86]提取并研究了连续签到的时间间隔特征，提出一个轨迹驱动模型来生成合成的 LBSNs 数据集，用于获取原始数据集的特征。Zhang 等[73] 根据用户签到的时间和地点，按照时间先后顺序形成位置 – 时间序列，根据这个签到序列影响构建位置 – 位置转移图，利用 n 阶加权马尔科夫链确定用户访问位置的概率，从而进行连续的个性化兴趣点推荐。Chang 等[87] 提出内容感知的 POI 嵌入模型，利用基于时间排序的连续签到序列进行下一个兴趣点推荐，其中签到内容层捕捉用户签到序列的 POI 地理影响，文本内容层从文本内容方面获取 POI 的特征。

不同类型的用户会呈现不同时间周期的偏好特征，但是已有工作都是对所有用户采用同一种时间方案进行偏好分析，不能较好体现用户在时间因素上的多样性偏好，因此还需研究针对不同签到行为的用户，采用不同的自适应时间分析方法。

1.2.1.3 基于社交关系的兴趣点推荐

在传统的推荐系统中，无论是传统的电影、商品推荐还是基于位置社交网络的推荐，基于内存的方法[88] 还是基于模型的方法[89]，都在探索利用社交关系[90] 和社会行为来增强推荐系统的效果。在基于位置社交网络中，用户之间也存在朋友关系，朋友比非朋友具有更多的共同爱好。借鉴这个思路，一些学者研究社交关系对兴趣点推荐产生的影响，并利用社交网络中的朋友信息，以及朋友访问过的位置进行 POI 推荐，主要集中在以下两个方面。

（1）基于 LBSNs 的社交关系研究。Ye 等[91] 发现距离越近的用户签到相同位置的概率越大，基于用户间的签到轨迹和距离，采用幂律函数计算用户相似度，进行基于朋友的协同过滤推荐。之后有研究人员提出了融合用户偏好、社交影响和地理影响的兴趣点推荐模型[63]。Gao 等[92] 利用地理空间和朋友之间的联系，提出用户的移动轨迹越相似，则用户的朋友关系概率越大，并且基于社交网络中的朋友和他们访问过的位置，把社交信息融入协同过滤技术中进行 POI 推荐。随后 Gao 等[93] 将用户的个人签到偏好和社交信息相结合，提出一个社交历史信息模型进行位置推荐。具体给出四种地理社交圈（本地朋友、本地非朋友、远方朋友和远方非朋友）来研究相应情况下的用户签到行为，利用不同地理社交圈互相补充来解决位置推荐中的冷启动问题。Cheng 等 [94] 把概率矩阵分解和社交规律性相结合，利用了社会约束性特征，即朋友会在潜在的子空间中保持较近的距离。然而，研究结果显示 [73]，社交因素只能有限地提高推荐性能，主要原因是冷启动和数据稀疏问题。用户自身或是用户朋友的签到记录非常少，虽然 LBSNs 中的朋友可能分享共同爱好的地点，但是由于距离遥远不能访问相同的地点。因此，Li 等 [95] 定义三种类型的 LBSNs 朋友，即社交朋友、地理朋友和邻居朋友，并设计一个利用社交朋友信息的两阶段推荐框架来提高推荐性能。Davtalab 等 [96] 利用兴趣点相似性和用户相似性，采用多变量推理方法，提出一种结合社交关系、兴趣点类别和时空信息的概率矩阵分解模型，能够有效解决冷启动问题。

（2）结合异构社交网络信息 [97] 的研究。当一个用户在 LBSNs 中寻求推荐时，特别是在没去过的外地的情况下，大多数 LBSNs 用户不能给出准确的建议，因为他们具有不同的环境和兴趣偏好。例如，一个喜欢吃辛辣食物的用户去一个海边城市旅游，通过 LBSNs 很可能被推荐海鲜饭店，但是这并不符合用户的饮食口味。因此，产生了 LBSNs 用户之间的不可信问题，降低了 POI 推荐的准确性。为了解决这个问题，利用并整合异构社交网络信息 [98-99] 来进行辅助推荐，如基于通信的社交网络 Facebook、Twitter[100] 的发布信息、转发消息、回复信息等，这些主观评论能够显示用户的明确偏好，使生成的推荐结果更容易被用户接受。文献 [101] 使用异构信息网络进行 POI 访问预测，把兴趣点推荐定义为一个链路预测问题，使用基于八种类型元路径的方法提取用户和 POI 之间的隐式关系，采用五个测量函数量化元路径的拓扑关系强度特征，并使用逻辑回归技术构造预测模型。文献 [102] 利用异构人群流动性来分析兴趣点随时间变化的流行度，采用因子分解进行 POI 推荐，其中包含用户规律性和兴趣点流行度之间的时间匹配关系。文献 [103] 提出通过嵌入异构 LBSNs 情感意识的 POI 推荐，整合两种技术：一种是基于社区情感提取的潜在概率生成模型，采用 Gibbs 采样方法有效地推导模型的参数，通过基于情感的概率分布得到主要情感；另一种是将情感感知网络嵌入模型，学习兴趣点、用户和文本情感等重要因素在低维嵌入网络中的表达，并利用联合训练对异构网络中的所有边进行交替采样。文献 [104] 提出了一种上下文图注意力模型，能够将异构网络中的上下文信息编码在双向注意力机制的不同上下文图中，利用多层感知器集成用户和兴趣点的内容向量，从而预测兴趣点的访问概率。

综上可以看出，现有方法采用网络中的社交关系，不在同一地域范围的用户也可能是朋友关系。如果利用远距离好友进行兴趣点推荐，会影响推荐的性能，因此，除了利用历史数据中蕴含的社交关系，还需要深入进行真实物理空间中的实时用户关系研究。

1.2.1.4　基于内容信息的兴趣点推荐

用户的签到行为代表用户的签到习惯，可能并不足以表示用户的具体偏好。例如，用户在一个星级酒店签到并不意味着他喜欢这个酒店，可能用户喜欢这个酒店里的餐饮，但是他对住宿服务并不满意。因此，可以利用签到数据以外的兴趣点内容信息，比如地点的相关介绍、用户对访问地点的评论、拍照和评分等，来获取用户明确的偏好，从而推荐最相似的兴趣点列表。通过辅助内容信息学习兴趣点的属性，对 POI 推荐的效率和性能具有促进作用，并能够解决冷启动和数据稀疏问题。

内容包含语义词，这些语义词能够反映用户感兴趣的话题和位置的属性，更能反映用户对地点的偏好[105]，因此可以利用内容信息进行位置推荐研究。Yang 等[106] 提出了增强语义的位置推荐，即从签到记录中提取用户的签到偏好，从评论内容中提取用户的语义偏好，最后在基于用户协同过滤中结合用户的签到偏好和语义偏好进行位置推荐。Liu

等 [16] 提出了话题感知的位置推荐，利用用户感兴趣的话题分布和位置话题分布的合成模型，得到地理空间的话题，从而得到用户签到偏好。文献 [107] 提出一种融合情景和评论信息的 LBSNs 兴趣点推荐模型，把与兴趣点相关的评论信息、用户社交关联和地理信息三方面异构多源的信息相结合，采用矩阵分解模型进行兴趣点推荐。Chen 等 [108] 利用的内容信息是兴趣点类别，基于概率模型合并 POI 类别和用户历史行为来生成移动轨迹，采用 Rank-SVM 对项目进行排序，并使用马尔科夫模型预测兴趣点之间的转换。文献 [109] 提出基于位置社会网络的双重细粒度 POI 推荐，一方面根据兴趣点的历史评论信息，运用 LDA 模型把每个兴趣点细分为多个潜在主题；另一方面把历史签到信息按小时分为 24 个时间段。通过建立"用户 –POI 主题 – 时间"三维张量和采用张量分解方法，获取用户的主题偏好。He 等 [110] 提出基于极限学习机的多准则集成 POI 推荐系统，将类别影响、地理影响和时间影响统一起来，对上下文感知的动态用户偏好进行建模，为集成不同的标准提供一个更复杂的框架，以提高 POI 推荐的性能。

此外，Wang 等 [111] 提出一种深度和广度学习上下文感知的 POI 推荐模型，从结构上学习 POI 和用户的特征。模型包括三个协同层，一个用于 POI 特征挖掘的卷积神经网络层，一个用于序列依赖关系和用户偏好建模的循环神经网络（recurrent neural network，RNN）层，以及一个基于矩阵分解的交互层，来联合优化整体模型，实现了多源异构数据的协同学习。Baral 等 [112] 基于上下文感知，提出一种与用户偏好相关的个性化 POI 序列推荐系统，采用扩展循环神经网络将多个上下文合并到隐藏层和输出层。这里的上下文是指对下一个 POI 的选择有直接或间接影响的当前和以前的情境，例如当前时间、当前地点的类别、之前地点的类别、当前地点的人气评分等，可以表示为高维向量。Hao 等 [113] 提出实时事件嵌入模型，来挖掘社交媒体上关于 POI 的最相关实时信息，使用卷积神经网络来挖掘 POI 的文本信息并学习内在特征，结合矩阵分解进行兴趣点推荐。

1.2.2　基于签到序列的连续兴趣点推荐

目前，国内外研究者提出了多种连续兴趣点推荐方法。通过对兴趣点时序关系和连续签到轨迹序列的建模，能够学习其中蕴含的用户兴趣偏好，从而有效提高推荐性能，按照采用的技术分为如下两类。

（1）采用一阶马尔科夫模型的 POI 推荐方法。Cheng 等 [85] 首次针对连续兴趣点推荐问题，提出了一种融合一阶马尔科夫链和地理限制的三阶张量分解模型 FPMC-LR，该模型采用一阶马尔科夫模型建模用户连续签到行为，通过加入本地区域限制，大大降低了模型计算的代价，提高了推荐效率。Feng 等 [114] 对 FPMC 模型进行了扩展，提出了一种个性化的排名度量嵌入方法 PRME，对个性化的用户签到序列进行建模，避免了采用矩阵分解带来的数据稀疏性问题。He 等 [115-116] 提出了一种采用三阶向量来建模用户连续签到行为的方法，该方法将马尔科夫模型和用户潜在行为模式进行了联合建模，考虑了用户潜在行为模式对下一个兴趣点推荐的影响。Zhao 等 [84] 考虑了时间对连续 POI 推荐的影响，提出了一种时空潜在排序模型 STELLAR，来建模用户、POI 和时间的交互，该方法同样采用张量分解技术。Chen 等 [43] 针对每个用户可用签到数据比较稀疏和系统中用户数量众多、计算复杂度高的问题，提出了一种基于兴趣点类别和群组偏好的连续 POI 推荐方法，采用三阶张量来建模用户的连续签到行为，但与传统方法构造兴趣点之间的状态转移矩阵不同的是，该方法将兴趣点划分为了多个类别，通过构造签到兴趣点类别之间的一阶状态转移矩阵，来降低状态转移矩阵的维度和签到数据的稀疏性。Gau 等 [117] 提出了一种基于网格的连续兴趣点推荐方法 UGSER-LR，该方法考虑了区域对下一个兴趣点推荐的影响，利用加权的个性化 PageRank 算法来建模兴趣点间的连续转移行为。Ying 等 [118] 提出了一种具有非对称推理的时间感知的度量嵌入方法 MEAP-T，采用一阶马尔科夫链建模兴趣点之间的转移,但是把连续兴趣点之间的转移看作非对称属性,并且将时间感知的因素融合到连续兴趣点推荐中。Cai 等 [119] 提出两阶段由粗到细的用户偏好预测方法,首先考虑基于序列上下文的长期偏好和群组偏好,利用张量分解方法预测用户类别偏好,然后采用距离加权的核密度估计方法得到细粒度的用户 – 地点偏好。上述大部分方法均采用一阶马尔科夫模型来建模用户连续签到兴趣点间的转移矩阵,然后再结合三阶张量模型和矩阵分解技术实现下一个兴趣点的推荐。然而,马尔科夫模型在建模连续行为时具有较强的假设,即下一时刻的状态只与当前时刻的状态有关,与之前的状态无关,导致马尔科夫模型无法记录用户之前签到的兴趣点信息,造成历史信息和用户长期偏好的丢失。因此,连续兴趣点推荐不仅要考虑当前访问的兴趣点,还要考虑用户以前的兴趣偏好和签到轨迹序列。

(2)采用循环神经网络的 POI 推荐方法。近年来循环神经网络作为一种最先进的方法,已成功应用于不同领域的序列数据的建模中。相比马尔科夫模型,采用循环神经网络建模用户的连续签到行为体现出了显著的优势。学者分别提出融合时空因素的神经网络模型、对社交网络和移动轨迹进行建模的神经网络模型、获取用户短期和长期兴趣的长短期记忆网络(long short-term memory, LSTM)模型 [120-126] 等,有效提高了推荐性能。Liu 等 [127] 对 RNN 模型进行了扩展,提出了一种时空递归的神经网络模型 ST-RNN,该模型考虑了时间间隔和距离间隔对下一个兴趣点推荐的影响,利用不同的时间转移矩阵和距离转移矩阵在每一层神经单元中对时间和空间上下文进行建模,从而将时空信息融合到下一个位置的推荐中。2017 年,Yang 等 [128] 提出了一种能够同时对社交网络和移动轨迹进行建模的神经网络模型 JNTM,该模型由社交网络构建和移动轨迹生成两部分组成,在移动轨迹生成过程中考虑了四种影响因素:用户访问偏好、社交关系、短期序列上下文和长期序列上下文,在短期序列上下文方面采用 RNN 获取短期序列的相关性特征,在长期序列上下文方面采用 GRU 获取长期序列的相关性特征。Zhu 等 [129] 提出了一种 Time-LSTM 模型，该模型通过在传统的 LSTM 模型上增加一个时间门来建模用户连续签到的时间间隔行为，从而能够更好地获取用户短期和长期的兴趣，有效提高了推荐的性能。Zhang 等 [130] 为下一个兴趣点推荐设计了一种简单有效的神经网络框架 NEXT，该框架以统一的方式将多种影响下一个兴趣点推荐的因素融合到了一起，包括元数据信息、两类时间上下文等，利用这些因素综合学习用户下一个签到位置的潜在意图，并利用网络表示学习技术 DeepWalk 对兴趣点的连续关系和地理影响进行了编码。Zhao 等 [41] 提出了一种融合时空因素的神经网络模型 ST-LSTM，该模型在传统的 LSTM 模型中设计了两对时间门和距离门来获取用户连续签到的时空关系，分别用两对时间门和距离门控制用户短期兴趣和长期兴趣的更新。Lu 等 [131] 将一个区域分割成网格，采用边缘加权的个性化网页排名算法建模 POI 之间的连续转换。在此基础上，将用户偏好、区域影响和连续转换影响融合为一个统一的推荐框架，采用词嵌入技术将每个 POI 转化为一个潜在的 POI 矢量，采用循环神经网络技术进行推荐兴趣点。Chen 等 [132] 提出了一个新的 POI 推荐系统，通过在 LSTM 和 GRU 中结合时间和距离的不规则性来捕捉和学习复杂的序列转换，并把动态指数加权滑动平均模型 EWMA 融入模型学习过程中，来学习时间和空间的衰减值。学习到的认知权重提供了一种易于解释的方法，用于解释预测过程中每个上下文的重要程度。在推荐模型中引入神经网络中的注意力机制 [133]，能够学习不同变量的注意力系数，以此解释各变量间的相关程度。Huang 等 [134] 为了能够更好地建模时空上下文信息，将连续兴趣点之间的时空上下文信息加入 LSTM 网络中的每一步计算中，结合注意力模型提出了一种基于注意力的时空 LSTM 网络，该网络利用注意力机制能够有选择性地关注签到序列中重要的历史签到信息。Li 等 [135] 构建了一个异构的多模式签到图，提出基于图的多模态表示模型来学习用户和兴趣点的表示，采用基于注意力的递归神经网络进行兴趣点推荐。

Wang 等[136] 提出结合用户偏好和实时需求的序列兴趣点推荐方法 DSPR，利用时间约束、地理约束、POI-POI 转换时间、POI 类型四类不同的上下文信息对实时需求进行建模，使用基于注意力的递归神经网络模型自动学习偏好。

综上所述，已有方法将用户所有的签到记录看作一个整体来生成连续兴趣点签到轨迹序列，还有些方法虽然将 LBSNs 用户的兴趣划分了长期兴趣和短期兴趣，但是没有考虑适应不同签到行为特征用户的轨迹划分策略，并且在对短期兴趣建模时只依赖于最近签到的一个兴趣点，没有解决用户签到轨迹序列较短、连续性较差的问题，导致难以准确地体现用户近期的兴趣偏好，影响了连续兴趣点推荐的性能和效果。

1.2.3　目前存在的问题

虽然兴趣点推荐已经取得了大量研究成果，但是仍然存在以下五个方面的问题。

（1）对用户的签到行为考虑不足，缺乏对用户的分类。社交网络中的用户具有各自不同的签到行为特征，例如有些用户的签到行为比较活跃，而有些非活跃用户只有少量签到数据，致使 LBSNs 用户的签到行为产生较大的差异性。现有兴趣点推荐方法没有考虑用户自身的签到行为特征，缺乏基于签到行为特征的用户分类，对所有用户进行统一推荐，导致算法单一并且不适用于所有用户，影响推荐的结果。

（2）基于用户协同过滤无法准确获取用户签到偏好的时间特征，缺乏自适应的推荐策略。在基于用户协同过滤的兴趣点推荐方法中，使用所有共同签到的地点进行用户相似度计算，无法反映用户签到偏好随时间的变化关系，导致不能准确度量用户之间的相似性，降低了推荐的准确性。此外，缺乏针对不同签到行为特征用户的自适应协同过滤推荐策略，影响推荐算法的灵活性。

（3）空间概率模型推荐方式较单一，并且与用户签到时间偏好的关联较弱。已有基于地理因素的兴趣点推荐方法，在空间概率模型中使用地点的经纬度信息，没有考虑签到地点的时间信息，导致用户签到的时间偏好和空间的关联性较弱。由于没有考虑用户签到行为的多样性特征，因此空间概率模型单一化，影响推荐的性能。

（4）难以准确建模用户的短期兴趣偏好，对签到较少的用户推荐性能较差。现有连续兴趣点推荐方法一般基于用户的签到序列建模其兴趣偏好，但是在进行用户短期兴趣建模时只考虑最近一个签到兴趣点信息，致使难以准确体现用户近期的兴趣特征，并且对于签到记录较少且分散的用户则无法获取其兴趣特征，导致对这类用户推荐效果较差。

（5）兴趣点推荐采用传统的集中式处理架构，缺乏与新技术的结合和创新。目前的集中式推荐架构存在严重的存储和计算负荷，导致推荐决策的延迟和低性能，影响用户的满意度。

1.3　主要研究内容及关系

兴趣点推荐作为基于位置社交网络中的主要应用技术，吸引了众多科研学者。为了满足不同签到行为特征用户的需求和提高兴趣点推荐算法的性能，本书针对目前研究成果在用户自身签到行为特征和算法自适应性方面存在的不足，利用概率统计分析、协同过滤、空间概率模型、循环神经网络、云边协同计算等相关理论，从用户自身多维特征的提取、用户聚类、融合时间特征的协同过滤、时间感知的空间概率模型、长短期兴趣偏好建模、云边协同兴趣点推荐架构、自适应POI推荐算法这些关键问题展开研究。具体来说，本书主要研究内容及关系如下。

（1）用户签到行为特征提取及用户聚类算法的研究。以现有多个典型的基于位置社交网络的历史签到数据集为基础，研究和分析反映用户签到行为的特征因子，包括用户签到次数、签到时间槽分布和签到兴趣点数量，构建一个多维的描述用户签到行为特征的向量集。对于隐含的特征因子给出具体的提取方法和量化标准，为特征值的计算提供依据。分析用户签到行为的差异性和用户签到之间的关系，基于多维用户签到行为特征的向量集和模糊 C 均值理论，研究用户聚类算法的设计。对 LBSNs 用户进行聚类，通过多种聚类性能评价指标来分析用户聚类结果的质量，得到最优用户聚类等级的粒度并赋予含义说明。

（2）基于时间特征和用户协同过滤的自适应 POI 推荐算法研究。针对 LBSNs 签到数据中重要的时间信息，研究多维时间特征提取与分析方法。在用户签到行为特征的基础上，研究适用于不同签到特征用户的相似度计算方法和协同过滤算法，进而构建一种利用时间特征和协同过滤的自适应 POI 推荐方法，以达到自适应性和取得更好的推荐效果，并通过实验对比、证明和分析提出算法的性能。

（3）融合时空特征和概率模型的自适应 POI 推荐算法研究。LBSNs 签到数据中的空间信息对兴趣点推荐算法的性能有重要影响，为此将用户签到的空间特征引入到兴趣点推荐模型中。提取和分析兴趣点的多方面空间和时间特征，研究基于地理空间的一维幂律函数概率模型和二维高斯核密度估计概率模型，并且在模型中考虑时间的影响因素。研究和构建一种融合时空特征和地理概率模型的自适应 POI 推荐算法，该算法能够根据用户的不同签到行为特征，自适应地采用不同的空间概率模型，以达到充分利用空间信息和提高兴趣点推荐性能的目的，并且与多个已有经典 POI 推荐算法进行多方面的实验和性能评价。

（4）结合长短期兴趣偏好的自适应连续 POI 推荐算法研究。在 LBSNs 中用户下一个要访问的兴趣点往往与近期访问过的兴趣点在某些上下文信息上有重要的联系，为此，将研究和设计一种长短期兴趣偏好相结合的自适应连续兴趣点推荐方法，以及如何将用户的签到轨迹序列划分为近期签到轨迹序列和历史签到轨迹序列。研究基于循环神经网络的用户短期兴趣偏好建模方法，并在建模时考虑时间和距离上下文对用户兴趣偏好的影响。研究基于长短时记忆网络模型的用户长期兴趣偏好建模方法，该方法能够通过对用户历史签到轨迹序列分析和建模获取用户的长期兴趣偏好。针对不活跃用户近期签到轨迹序列较短从而无法准确获取其短期兴趣偏好问题，研究如何利用活跃相似用户的短期兴趣偏好推理不活跃用户短期兴趣偏好的方法，并且采用多组实验来验证所提算法的性能。

（5）云边协同环境下自适应兴趣点推荐理论研究。针对云中心集中式推荐架构的局限性问题，研究利用前沿移动边缘技术的云边协同自适应兴趣点推荐相关理论。具体包括云边协同环境下的自适应兴趣点推荐框架、云中心用户签到行为特征分析及兴趣偏好自适应学习、边缘侧自适应兴趣点推荐方法、原型系统搭建及应用。

上述五方面研究内容分别体现在本书的第 2 章到第 6 章，各部分之间的关系如图 1-3 所示。第 2 章对用户签到行为特征提取及用户聚类算法进行研究，是本书的关键问题，也是后面章节开展自适应兴趣点推荐算法研究的重要基础。在不同签到行为特征的用户集群基础上，第 3 章到第 6 章分别针对不同的问题，采用不同的方法，进行逐步深入的自适应兴趣点推荐算法研究。具体来说，第 3 章解决基于用户协同过滤的兴趣点推荐方法无法准确获取用户签到偏好的时间特征，缺乏自适应推荐策略的问题；第 4 章解决空间概率模型推荐方式较单一，并且与用户签到时间偏好关联较弱的问题。这两部分都属于基本的兴趣点推荐。第 5 章进行更为深入和困难的连续兴趣点推荐研究，解决已有连续兴趣点推荐方法不能准确体现用户的短期兴趣偏好，以及无法适用于不活跃用户的问题。第 6 章从兴趣点推荐整体架构的角度，与云边计算技术结合，从更高的层次构建云边协同的自适应兴趣点推荐架构，并阐述相关理论。

自适应兴趣点推荐理论和方法

| 第 1 章
兴趣点推荐
概述 | 第 2 章
用户签到行
为特征提取
及用户聚类
算法 | 第 3 章
基于时间特
征和协同过
滤的自适应
POI 推荐算
法 | 第 4 章
融合时空特
征和概率模
型的自适应
POI 推荐算
法 | 第 5 章
结合长短期
兴趣偏好的
自适应连续
POI 推荐算
法 | 第 6 章
云边协同环
境下自适应
兴趣点推荐
理论 |

解决现有兴趣点推荐对用户的签到行为考虑不足和缺乏对用户分类的问题

解决协同过滤方法无法准确获取用户签到的时间特征，缺乏自适应推荐策略的问题

解决空间概率模型推荐方式比较单一，与用户签到时间偏好的关联较弱的问题

解决现有方案不能准确体现短期兴趣偏好和无法适用于不活跃用户的问题

解决云中心集中式推荐架构的局限性问题

特征建模

自适应 POI 推荐

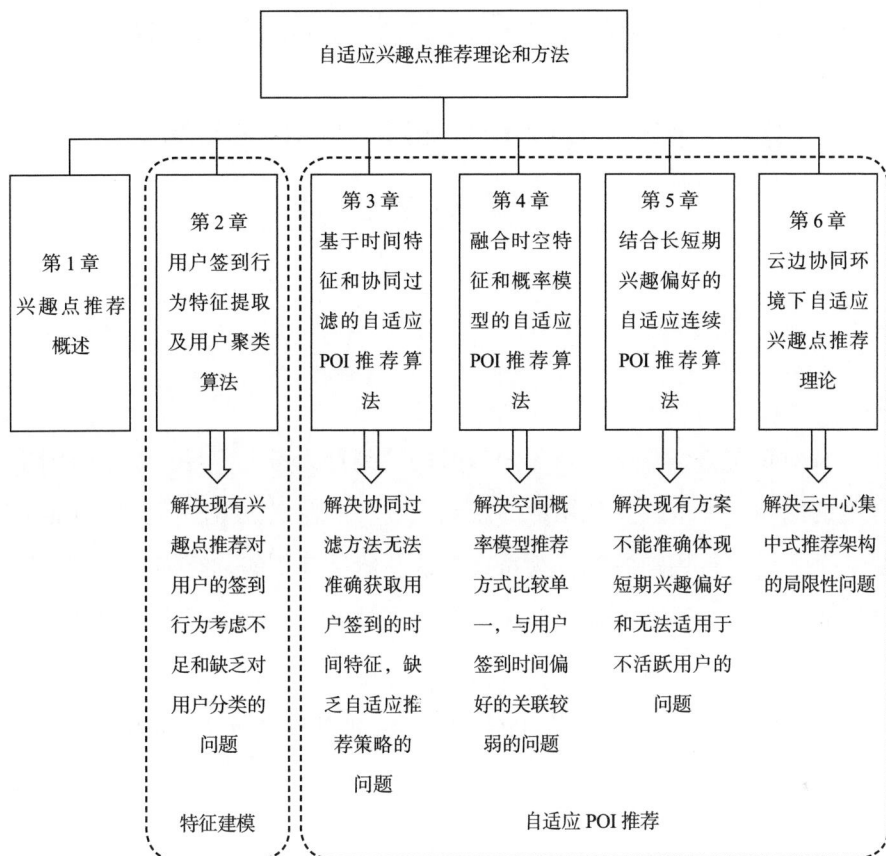

图 1-3　主要研究内容及关系

第2章 用户签到行为特征提取
及用户聚类算法

　　针对现有兴趣点推荐对用户自身的签到行为考虑不足，缺乏对用户分类的问题，本章首先从用户的签到次数、兴趣点数量和时间槽分布数量三个方面进行用户签到行为特征提取。然后基于签到行为特征和模糊C均值，提出一种用户聚类算法。最后，对聚类结果进行性能评估，得出最佳聚类数目并赋予现实含义。本章对用户签到行为特征提取和用户聚类的研究，将为后面章节的自适应兴趣点推荐提供研究的基础。

2.1　问题提出

　　为了体现用户签到行为特征提取和用户聚类在整个自适应兴趣点推荐研究中的重要性，首先从整体研究框架出发进行分析。兴趣点推荐研究通常是从基于位置社交网络的历史签到数据入手，从中挖掘对推荐有影响作用的多维度内在特征，再将这些特征应用到兴趣点推荐算法的设计中，从而达到提高兴趣点推荐性能的目的。结合本书研究的具体内容，下面给出基于用户签到行为的自适应兴趣点推荐研究整体框架，如图2-1所示，并且进行详细说明。

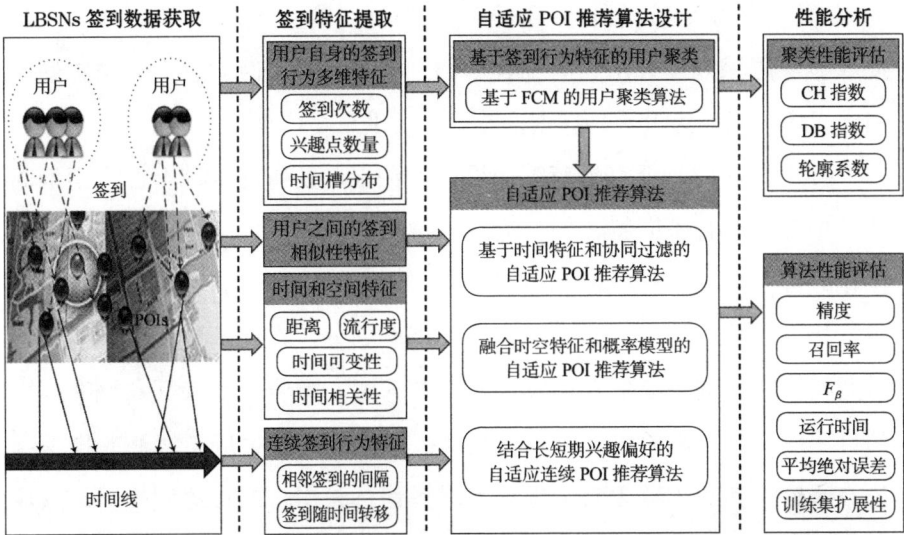

图 2-1 基于用户签到行为的自适应兴趣点推荐整体研究框架

（1）LBSNs 签到数据获取。采用已有公开的大规模 LBSNs 用户历史签到数据集作为研究的对象，包括 Foursquare、Gowalla、Brightkite 三个签到数据集，其中每条签到记录包括用户编号、签到的位置编号、位置的经度坐标、位置的纬度坐标、签到的时间和签到的日期等信息。采用学术界公开的、具有代表性的签到数据集，不仅方便与其他研究成果作比对，还能够避免手工爬取收集大量社交网络签到数据的复杂性和数据采集地域的局限性。

（2）签到特征提取。针对 LBSNs 用户签到数据集提供的信息，利用数据挖掘技术和循环神经网络模型进行多维特征提取和学习，包括用户自身的签到行为多维特征、用户之间的签到相似性特征、用户签到在地理空间上的特征和在时间上的特征、用户连续签到行为特征等。随着研究的深入，每一维度的特征又可以细分为多个方面。用户自身的签到行为多维特征具体体现在签到次数、签到兴趣点数量和签到时间槽分布数量三个方面；空间特征包括兴趣点流行度、相邻签到兴趣点的距离特征；时间特征包括时间的可变性和时间的相关性；用户连续签到行为特征分为相邻签到的时间间隔和签到行为随时间的转移。用户签到特征的充分提取能够更深入发现用户的签到偏好，以及用户、时间、空间和签到序列之间的关联，为设计兴趣点推荐算法提供重要依据。

（3）自适应兴趣点推荐算法设计。在提取的特征基础上，采用不同技术来设计融合不同特征的自适应兴趣点推荐算法，为用户在特定时间推荐最符合其签到偏好的 top-n 个兴趣点。首先根据用户自身签到行为的多维特征，采用聚类算法对用户进行集群划分。在此基础上，设计基于时间特征和协同过滤的自适应 POI 推荐算法、融合时空特征和概率模型的自适应 POI 推荐算法、结合长短期兴趣偏好的自适应连续 POI 推荐算法，通过不同的推荐策略实现对不同签到行为用户的自适应推荐，以取得更佳的推荐效果。

（4）性能分析。对基于签到行为特征的用户聚类结果进行性能评估，采用 Calinski-Harabaz、Davies-Bouldin 和轮廓系数（silhouette coefficient）三个指标进行聚类性能的综合分析，把性能最佳的聚类数目确定为最终用户聚类结果。针对提出的自适应 POI 推荐算法，在最优设置算法涉及的参数后，基于多个不同规模的 LBSNs 签到数据集进行精度、召回率、F_β 指数、算法的运行时间、时间平均绝对误差和训练集可扩展性等方面的性能评估，并与其他典型的兴趣点推荐算法进行实验对比和分析。

通过上述整体研究框架的分析，可以看出用户签到行为特征提取及用户聚类是关键研究问题和科研开展的前提基础。因为只有充分挖掘反映用户签到行为的多维特征因子，解决用户签到行为特征提取这个关键问题，才能准确地反映用户自身的签到行为偏好，为用户聚类提供有效的划分依据和标准，进而开展后续的自适应兴趣点推荐算法的设计研究。

在已有的兴趣点推荐成果中，研究了一些 LBSNs 签到数据中蕴含的内在关系，例如用户对兴趣点及兴趣点类别的偏好[137]、用户之间的信任关系[138]、用户签到兴趣点的时空模式和用户主题兴趣[139]等。但是，现有兴趣点推荐成果缺乏对用户自身的签到行为特征的深入研究，忽略了用户签到行为的差异性，致使用户自身签到行为的多样性特征没有被挖掘和利用。在社交网络中，一部分比较活跃的用户热衷于频繁签到和分享经验，而还有一部分活跃度较低的用户很少进行签到行为，致使用户之间的签到行为产生了较大的差异性。如果没有考虑用户签到行为的特征和差异性，采用单一的兴趣点推荐算法对所有用户进行统一运算和推荐，必定会造成推荐算法灵活性较差，只适用于少数用户，从而影响推荐的效果。因此，为了提高兴趣点推荐的性能，在设计自适应 POI 推荐算法的过程中，对用户自身签到行为特征进行的深入研究以及在此基础上进行的用户聚类算法研究，是至关重要的环节，也是亟须解决的关键问题。

基于上述分析，本章进行用户签到行为特征提取及用户聚类算法的研究，为本书后续章节奠定基础。首先，研究和分析用户签到行为的差异性，使用概率统计分析方法从 LBSNs 历史签到数据集中挖掘用户的签到行为特征，包括三个维度：用户签到次数、用户签到兴趣点数量和用户签到时间槽分布数量。然后，基于提取的用户签到行为特征向量，设计基于模糊 C 均值的用户聚类算法，使划分后的各个 LBSNs 用户集群具有明显不同的签到行为特征。最后，对用户聚类结果进行性能评估，通过三个判定聚类有效性的内部指标进行综合分析，得到最优用户聚类数目，并且为各类用户集群赋予现实含义。

2.2　符号描述及相关定义

依据 LBSNs 历史签到数据集，本章进行用户签到行为特征提取和分析。在这一研究过程中，为了便于理解，本节给出相关的符号描述，如表 2-1 所列。同时，还给出相关问题的形式化定义。

表 2-1　符号和描述

符　号	描　述
UC_{all}	一个基于位置社交网络 LBSN 的所有用户签到记录集合
U	一个 LBSN 的所有用户集合
L	一个 LBSN 的所有兴趣点集合
T	按小时划分的所有时间槽集合，$T=\{0, 1, \cdots, 23\}$
UCN	用户签到的次数
L_u	用户 u 签到的兴趣点集合
LN	用户签到的兴趣点数量
TD	用户签到的时间槽分布数量
$UCluster$	用户及其所属类别集合

定义 2.1（用户签到记录集合） UC_{all} 是一个 LBSN 的签到记录有限集合，由 LBSN 用户在一段时间内访问并进行签到操作的所有记录构成，表示为 $UC_{all} =\{uc_1, uc_2, \cdots, uc_{|UC_{all}|}\}$，$|UC_{all}|$ 是签到记录集合的长度。uc 代表其中的一条用户签到记录，是一个六元组 $uc=\{U, L, Longitude, Latitude, Time, Date\}$，各项的具体定义如下。

$U=\{u_1, u_2, \cdots, u_n\}$ 表示一个基于位置社交网络中用户的有限集合，其中 $u_i(1 \leq i \leq n)$ 表示一个注册的真实用户，n 是所有用户的数量。

$L=\{l_1, l_2, \cdots, l_m\}$ 表示用户签到地点（也称为兴趣点）的有限集合，其中 l 是一个现实存在的地点，m 是所有签到过的地点数量。

$Longitude$ 和 $Latitude$ 表示一个地点的经度和纬度坐标，$l_j=<Longitude_j, Latitude_j>$。

$Time=\{time_1, time_2, \cdots, time_c\}$ 表示签到时间的有限集合，其中 $time_k(1 \leq k \leq c)$ 是一个以 24 小时制表示的时间，$time_k \in [00:00:00, 24:00:00)$，$c$ 是所有签到时间的数量。本书关注的是小时，分钟和秒

钟不予考虑，这样把时间依据小时进行提取，即取出 $time_k$ 第一部分小时的数据。因此，可以把一天中的时间划分为 24 个相等的离散时间槽，$T=\{0,\ 1,\ \cdots,\ 23\}$，每一个时间槽用正整数 t 表示，$t\in T$。例如，08:36:00 表示为时间槽 $t=8$。

$Date=\{date_1,\ date_2,\ \cdots,\ date_d\}$ 表示签到日期的有限集合，其中 $date_z\ (1\leqslant z\leqslant d)$ 是一个日期，z 是所有日期的数量。

定义 2.2（用户签到行为特征集合） 用户签到行为特征集合 X 是 LBSNs 中所有用户的签到行为属性构成的有限集合，表示为 $X=\{x_1,\ x_2,\ \cdots,\ x_{|U|}\}$，其中每一条信息是每一个用户 $u_i\in U$ 和该用户的三个签到行为特征构成的四元组 $x_i=(u_i,\ UCN_i,\ LN_i,\ TD_i)$，其中 UCN_i 表示用户签到次数，LN_i 表示用户签到兴趣点数量，TD_i 表示用户签到时间槽分布数量。

定义 2.3（LBSNs 用户聚类） 给定 LBSNs 用户的签到行为特征集合，用户聚类的目标是为每一个用户 $u_i\in U$ 找到相应的所属类别 c_j，生成用户及类别集合 $UCluster=(u_i,\ c_j)$，其中 $c(2\leqslant c\leqslant n)$ 是用户聚类数目。

定义 2.4（自适应兴趣点推荐） 给出 LBSNs 的用户历史签到数据集 UC_{all} 和用户所属类别集合 $UCluster$，自适应兴趣点推荐的目标是根据每个用户 $u\in U$ 的签到行为特征类别，为用户 u 推荐 $t\in T$ 时刻最符合其兴趣偏好，并且没有访问过的 top-n 兴趣点列表。

2.3　用户签到行为特征提取

根据 LBSNs 用户存在签到行为多样性这一客观事实，提出三个最具有代表性的特征来有效建模用户的签到行为，即用户签到次数、用户签到兴趣点数量和用户签到时间槽分布数量，并且在多个 LBSNs 数据集上进行统计和分析。

2.3.1 用户签到次数

在 LBSNs 中，用户在签到次数 UCN 方面具有不同的签到行为特征，例如有些用户愿意频繁大量地签到并进行分享，然而有些用户却很少进行签到活动。针对这个特征因素，首先给出用户签到次数的定义，然后提取并分析 LBSNs 用户的签到次数特征，以此作为用户签到行为建模的一个基础维度。用户的签到记录数量能够反映用户整体签到行为的活跃程度，签到次数越多表明用户越活跃，签到次数越少表明用户越不活跃。

定义 2.5（用户签到次数） 对于 LBSN 中的一个用户 $u \in U$，其签到次数 UCN_u 表示用户 u 在 LBSN 数据集 UC_{all} 中的签到记录总数，如式（2-1）所示，其中函数 $g(u, uc_i)$ 用来判断是否为用户 u 的签到记录，如式（2-2）所示。

$$UCN_u = \sum_{i=1}^{|UC_{all}|} g(u, uc_i) \qquad （2-1）$$

$$g(u, uc_i) = \begin{cases} 1, & u \in uc_i \\ 0, & u \notin uc_i \end{cases} \qquad （2-2）$$

为了验证 LBSNs 用户的签到行为存在差异性，对 Foursquare、Gowalla 和 Brightkite 三个 LBSNs 数据集中的每一个用户计算其签到次数，在此基础上统计各个签到次数所对应的用户数量。图 2-2 给出三个数据集中用户签到次数及用户数量的统计结果。从图 2-2 可以看出，不同的 LBSNs 数据集都呈现类似的现象：其一，用户的签到次数差别比较明显，有些用户只有几条签到记录，而有些用户却有 1000 多条签到记录。其二，签到次数变量 UCN 服从重尾分布，这说明少部分用户个体对基于位置社交网络签到具有较大的贡献，即有少数用户具有大量的签到记录，而大部分用户签到较少，呈现在图中的尾部密集区域。通过统计可知，Foursquare 数据集的 2321 个用户中，仅有 97 个用户 *UCN* 超过 300 次，18 个用户 *UCN* 超过 500 次，但是 *UCN* 低于 30 次的用户有 829 人；Gowalla 数据集中共有 10162 个用户，仅有 64 个用户 *UCN* 超过 500 次，*UCN* 低于 30 次的用户却有 6696 人；Brightkite 数据集的 50687 个用户中，329 个用户 *UCN* 超过 2000 次，然而有 25243 个用户 *UCN* 在 10 次以下，几乎是整个社交网络数据集中的一半用户。

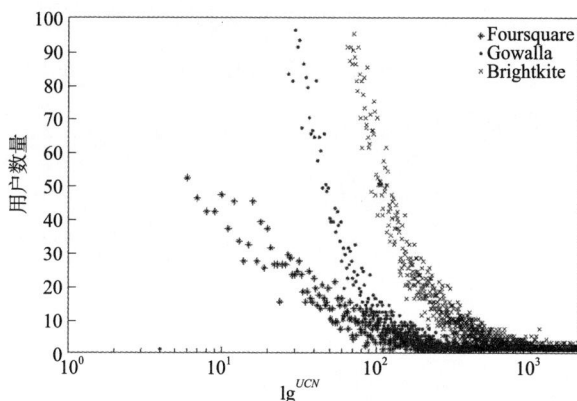

图 2-2　签到次数及用户数量

针对用户 *UCN* 这个离散的变量，从概率质量函数（probability mass function，PMF）的角度进行进一步分析。假设 *UCN* 是一个定义在可数的签到次数样本空间 *S* 上的离散随机变量，$S \subseteq \mathbf{N}$，则其概率质量函数 $f_X(x)$ 是离散随机变量在各个特定取值上的概率，如式（2-3）所示。

$$f_X\left(x\right) = \begin{cases} \mathrm{Pr}(X{=}x), & x \in S \\ 0, & x \notin S \end{cases} \qquad （2\text{-}3）$$

图 2-3 给出了 Foursquare、Gowalla 和 Brightkite 三个数据集上用户 *UCN* 的概率质量函数结果。从图 2-3 可以看出，*UCN* 在 40 次以下的 LBSNs 用户占有很大比率，之后随着签到次数的增多，相应的用户数量

减少。具体而言，Foursquare 数据集中用户 UCN 为 10、20 和 40 次时，PMF 值分别为 11.29%、14.95% 和 19.6%，大概有 45.84% 的 Foursquare 用户 UCN 少于 40 次。Gowalla 数据集的用户具有类似现象，当 UCN 为 10、20 和 40 时，PMF 值分别为 26.94%、26.39% 和 20.06%，有 53.33% 的 Gowalla 用户 UCN 少于 20 次，73.39% 的 Gowalla 用户 UCN 少于 40 次。同样在 Brightkite 数据集中，UCN 是 10、20 和 40 次时，PMF 值分别为 49.80%、11.66% 和 10.61%，共有 72.07% 的 Brightkite 用户 UCN 少于 40 次。此外，Foursquare 中 UCN 在 280 次以上的用户 PMF 值均低于 1%，在数据规模更大的 Gowalla 和 Brightkite 中，有低于 1% 的用户 UCN 在 180 次以上。

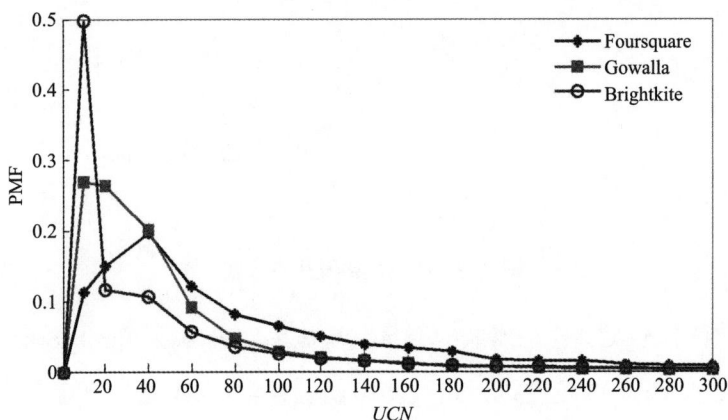

图 2-3　用户签到数量的概率质量函数图

综合图 2-2 和图 2-3 的分析结果，表明 LBSNs 用户的签到行为具有较大的差异性，有一部分用户具有较多的 UCN，其签到行为呈现活跃的状态；还有一部分用户具有较少的 UCN，其签到行为呈现非活跃的状态。由此说明，用户的 UCN 能够反映出 LBSNs 用户签到行为的不同特征，是衡量用户签到偏好的重要因素之一。

2.3.2　用户签到兴趣点数量

通过用户访问的兴趣点，同样能够体现其个性化偏好和签到行为特征。例如，有些用户习惯于在生活和工作的周围活动并签到，还有些用户喜欢探索更多不同的地区并进行分享。因此，给出用户签到兴趣点数量的定义，用于反映用户访问兴趣点的广度和丰富程度。用户签到兴趣点数量越多，表明其去过并签到的地方越多、越丰富；反之，表示用户的活动地点和范围越局限。

定义 2.6（用户签到的兴趣点集合）　用户 $u \in U$ 的签到兴趣点集合表示为 L_u，定义为用户 u 在所有时间槽访问过的不重复兴趣点组成的集合，如式（2-4）所示。其中，$L_{u,\,t}$ 表示用户在 t 时刻访问的兴趣点集合，如式（2-5）所示。

$$L_u = \bigcup_{i=0}^{23} L_{u,\,t_i} \tag{2-4}$$

$$L_{u,\,t} = \bigcup_{(u,\,l \in uc_i) \bigcap t \in T}^{|UC_{\text{all}}|} \{l\} \tag{2-5}$$

用户签到兴趣点数量 LN，即用户签到的兴趣点集合的长度，如式（2-6）所示。

$$LN_u \quad |L_u| \tag{2-6}$$

基于 Foursquare、Gowalla 和 Brightkite 三个数据集，分别计算每个用户的 LN 和 UCN，通过累积分布函数（cumulative distribution function，CDF）来进行统计表示和分析。对于 UCN 和 LN 这种离散的变量，其累计分布函数 $f_X(x)$ 定义为所有不大于变量 x 的值出现的概率之和，如式

（2-7）所示。

$$f_X(x) = \begin{cases} \Pr(X \le x), & x \in S \\ 0, & x \notin S \end{cases} \qquad （2\text{-}7）$$

图 2-4 给出三个数据集的用户 LN 和 UCN 的 CDF 结果。从图 2-4 可以看出，LBSNs 中有较大比重的用户，其签到不重复地点的数量较少，随着 LN 的增加，相应的用户数目呈现小幅度上升的趋势。Foursquare、Gowalla 和 Brightkite 数据集中，签到不同兴趣点的数量少于 40 个的用户比率分别是 59.63%、81.69% 和 87.45%。有 96.25% 的 Foursquare 用户 LN 少于 140 个，96.37% 的 Gowalla 用户 LN 少于 120 个，Brightkite 中 LN 少于 100 个的用户达到了用户总数的 95.10%。还可以看出，在同一个 LBSN 数据集中，用户签到兴趣点数量 LN 比相应的签到记录数量 UCN 少，这是因为用户经常在不同的时间多次访问并签到相同的兴趣点，以至签到记录中产生一些重复的地点。通过以上实验结果及分析，能够说明 LBSNs 用户在 LN 这一指标上存在差异性，能够通过用户 LN 来体现用户访问地点广度方面的签到行为特征。

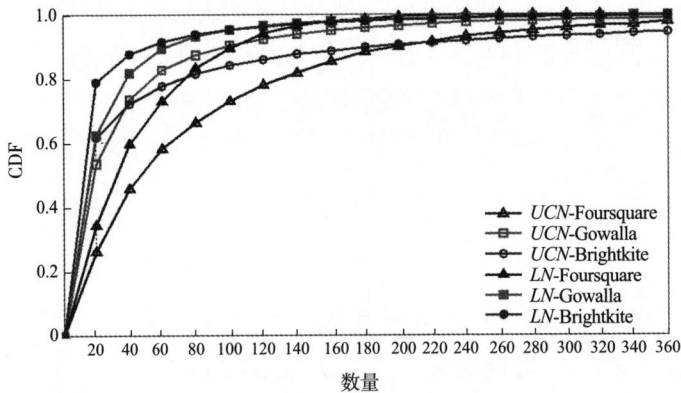

图 2-4　用户签到兴趣点数量和签到次数的累积分布函数图

2.3.3　用户签到时间槽分布数量

在时间维度上，通过用户签到的时间槽数量来挖掘用户的签到时间行为特征，例如在一天的 24 小时中，有些用户在多个时间段（如上午、下午和晚上）都有签到记录，但是有些用户只喜欢在某一固定的时间（如中午）进行签到。在给出用户签到时间槽分布数量的定义后，进行用户签到时间的行为特征分析。签到时间槽分布数量能够反映用户在时间方面的签到广度，数量越多表明用户兴趣越广泛、越活跃；反之，表示用户签到时间比较单一固定。

定义 2.7（用户签到时间槽分布数量）　把时间以小时为单位划分为 24 个时间槽，$T=\{0, 1, \cdots, 23\}$，每一个时间槽用正整数 t 表示，$t \in T$。用户 $u \in U$ 的签到时间槽分布数量用 TD_u 表示，定义为用户在 T 中签到的时间槽个数，如式（2-8）所示。其中，函数 $f(x)$ 表示用户在某个时间槽内是否有签到记录，如式（2-9）所示。

$$TD_u = \sum_{i=0}^{23} f\left(\left|L_{u,\,t_i}\right|\right) \quad , \qquad (2\text{-}8)$$

$$f\left(\left|L_{u,\,t_i}\right|\right) = \begin{cases} 1, & \left|L_{u,\,t_i}\right| > 0 \\ 0, & 其他 \end{cases} \qquad (2\text{-}9)$$

在 Foursquare 和 Gowalla 数据集中，按照小时对签到时间进行划分，如把签到时间 08:23 标记为 $t=8$。对每个用户签到的时间槽个数进行统计，并汇总出相应的用户个数，得到签到时间槽分布数量 TD 及相应的用户数量结果，如图 2-5 所示。从图 2-5 可以看出，用户签到的不同时间槽数量在 1 到 24 之间变化，相应的用户数量明显不同，在两个数据集上都呈现中间较多边缘较少的现象。经过统计，Foursquare 中有 201 个用户在一天的 17 个时间槽进行了签到，只有 15 个用户在一天中的所有 24

个时间槽进行了签到。Gowalla 中只在 1 个时刻签到的用户有 24 人，在所有 24 个时刻都签到的用户有 11 人，而签到在 4~14 个时刻的用户均超过 520 人。上述分析说明，用户历史签到记录信息中的时间槽分布数量能够从时间维度上反映用户不同程度的签到行为，从而能够用来表示用户签到行为的一个时间维度偏好。

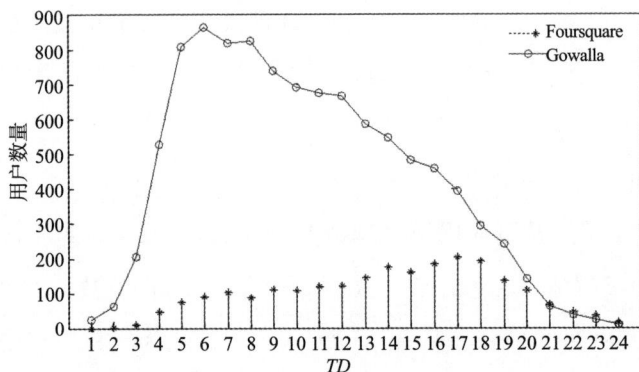

图 2-5   签到时间槽分布数量 TD 及相应的用户数量

2.4   基于签到行为特征和 FCM 用户聚类算法

在用户签到行为特征提取的基础上，构建由用户签到次数、签到兴趣点数量和签到时间槽分布数量组成的用户三维签到特征向量集，作为聚类的依据。在对用户进行签到行为聚类时，采用模糊 C 均值（fuzzy C-means，FCM）用户聚类算法。因为 FCM 算法是一种柔性的模糊划分，通过优化目标函数得到每个样本点对所有类中心的隶属度，从而决定样本点的类属以达到自动对样本数据进行分类的目的。FCM 算法应用最广泛且较成功，其"最小化类间相似性，最大化类内相似性"的思想，更适用于 LBSNs 用户签到行为的划分。

用于聚类的用户及其签到行为特征集合表示为 $X=\{x_1, x_2, \cdots, x_{|U|}\}$，

对于每一个用户 u_j（$j=1, 2, \cdots, |U|$），都包括三维签到特征值 $x_j=$（u_j, UCN_j, LN_j, TD_j）。基于 FCM 的用户聚类算法是一个使目标函数达到最小化的迭代优化过程，目标函数定义为相应用户样本的隶属度与该用户到各个类中心的距离相乘，如式（2-10）所示。约束条件是每一个用户属于各个类别隶属度值的总和是 1，如式（2-11）所示。

$$J_{\mathrm{FCM}}(\boldsymbol{A}, \boldsymbol{V}) = \sum_{i=1}^{c} \sum_{j=1}^{|U|} a_{ij}^{m} \left\| x_j - v_i \right\|^2 \qquad (2\text{-}10)$$

$$\sum_{i=1}^{c} a_{ij} = 1, \ j=1, \ 2, \ \cdots, \ |U| \qquad (2\text{-}11)$$

其中，$c(2 \leqslant c \leqslant n)$ 是对用户聚类的数目；m 是一个隶属度因子，用于控制分类结果的模糊程度，通常设置为大于 1 的正整数；在用户数据集中，第 j 个用户及其特征向量值表示为 x_j；第 i 个聚类中心表示为 v_i，能够通过式（2-12）迭代得到；a_{ij} 表示用户样本 x_j 属于 v_i 类的隶属度值，由式（2-13）计算得到；$\| \cdot \|$ 表示标准欧氏距离，如式（2-14）所示。

$$v_i(k+1) = \frac{\sum_{j=1}^{|U|} (a_{ij}(k))^m x_j}{\sum_{j=1}^{|U|} (a_{ij}(k))^m} \qquad (2\text{-}12)$$

$$a_{ij} = \frac{1}{\sum_{l=1}^{c} \left(\dfrac{d_{ij}}{d_{lj}} \right)^{\frac{2}{m-1}}} \qquad (2\text{-}13)$$

$$d_{ij}^2 = \left\| x_j - v_i \right\|^2 \qquad (2\text{-}14)$$

为了划分不同签到行为特征的 LBSNs 用户，提出基于签到行为特征（user check-in behavior features）和 FCM 的用户聚类算法 UCB-FCM，核心思想如下。

首先，对每一个用户 $u \in U$，计算三维特征值 UCN_u、LN_u 和 TD_u，构建用户特征向量集 X。

然后，设置用户聚类的类别数目 $c \geq 1$，迭代次数 $k=0$。将聚类中心初始化为 $V=\{v_1, v_2, \cdots, v_i\}$，$i=1, 2, \cdots, c$。其中，$v_i$ 代表第 i 类用户的初始中心，设置为三个特征的最小值，即 $v_i=(\min\{UCN_j\}, \min\{LN_j\}, \min\{TD_j\}, j=1, 2, \cdots, |U|)$。使用式（2-13）和式（2-14）初始化隶属度矩阵 $A=\{a_{ij}, j=1, 2, \cdots, |U|\}$。接下来使用式（2-12）更新聚类中心 v_i，使用式（2-13）更新第 $k+1$ 次迭代的隶属度矩阵 a_{ij}。在任意矩阵范数内比较 $A(k+1)$ 和 $A(k)$，如果 $\|A(k+1) - A(k)\| < \varepsilon$（$\varepsilon > 0$，并且 ε 是一个非常小的值，如 $\varepsilon=0.0001$），则停止迭代，得到最终的隶属度矩阵 A；否则，开始下一次迭代。

最后，根据隶属度值，把每一个用户划分到相应的集群中，得到最终的用户聚类结果。划分的标准是用户 a_j 属于隶属度值最大 $\max\{a_{1j}, a_{2j}, \cdots, a_{ij}\}$ 的类别。

基于以上分析，给出 UCB-FCM 算法的具体描述，如算法 2-1 所示。

算法 2-1　基于签到行为特征和 FCM 的用户聚类算法 UCB-FCM

输入：签到数据集 UC_{all}；

输出：用户及其所属类别集合 $UCluster$

Begin

（01）$UCN_{u_i} \leftarrow 0$; $LN_{u_i} \leftarrow 0$; $TD_{u_i} \leftarrow 0$;　// 构建用户特征向量集

（02）for each $u_j \in UC_{all}$ do

（03）　　　$UCN_{u_i} \leftarrow UCN_{u_i} + 1$;

（04）　　　distinct $LN_{u_i} \leftarrow LN_{u_i} + 1$;

（05）　　　distinct $TD_{u_i} \leftarrow TD_{u_i} + 1$;

（06）end for

（07）set number of clusters c, $k \leftarrow 0$;　　// 基于 FCM 的用户聚类

（08）initialize cluster centers $V=\{v_1, v_2, \cdots, v_c\}$ and membership $A=\{a_{ij}\}$;

（09）repeat

（10）　　$k \leftarrow k+1$;

（11）　　compute updated cluster centers $V(k)$ using Eq.(2–12) and $A(k-1)$;

（12）　　compute an updated membership matrix $A(k)$ using Eq.(2–13) and $V(k)$;

（13）until Eq.(2–10) convergence

（14）cluster users according to A;

（15）return user clustering sets *UCluster*;

End

UCB-FCM 算法的第 1~6 行是遍历签到数据集的每一条记录，用于构建用户特征向量集，时间复杂度是 $o(|UC_{\text{all}}|)$。第 7~15 行是对所有用户进行 FCM 聚类，时间复杂度是 $o(|U|\times c\times k)$，其中，$|U|$ 表示数据集中所有用户的个数，c 是聚类的个数，k 是迭代的次数。因此，UCB-FCM 算法的时间复杂度是 $o(|UC_{\text{all}}|+|U|\times c\times k)$。

2.5　用户聚类性能评估

2.5.1　聚类性能评估指标

本章根据用户的三维签到行为特征对用户进行聚类，而聚类的用户类别数目是需要解决的重点问题。因为各个类别的用户应该具有明显不同的签到行为特征，恰当的用户聚类数目能够使聚类结果达到最优，而且为后续的自适应兴趣点推荐算法研究提供基础保障。

从聚类结果性能分析理论方面，为了确定最优的用户聚类数目，采

用 Calinski-Harabaz、Davies-Bouldin 和轮廓系数三个指标[140]，来对用户的聚类结果进行性能评估和分析。这些判定聚类有效性的内部指标被用来评价一个聚类算法在不同聚类数目条件下的聚类结果的优良程度，通过比较指标的值来确定用户的最佳分类数目。

（1）Calinski-Harabaz 指标（CH）：定义为类内分散度与簇间分散度的比值，如式（2-15）所示。

$$CH(c) = \frac{\text{tr}(\boldsymbol{B}(c)) / (c-1)}{\text{tr}(\boldsymbol{W}(c)) / (n-c)} \qquad (2\text{-}15)$$

其中，c 是用户聚类的数目，n 是用户的个数，$\boldsymbol{B}(c)$ 是各类之间的协方差矩阵，$\boldsymbol{W}(c)$ 是一个类内部的协方差矩阵，$\text{tr}(\boldsymbol{A})$ 表示矩阵 $\boldsymbol{A}$ 的迹数，即一个 $n \times n$ 矩阵 $\boldsymbol{A}$ 的主对角线上各个元素的总和，如式（2-16）所示。类内偏差矩阵用于描述紧密程度，类间偏差矩阵用于描述分离程度。CH 值越大，表示聚类结果在类自身越紧凑，类与类之间越分散，因此最大的 CH 值代表最佳聚类结果。

$$\text{tr}(\boldsymbol{A}) = \sum_{i=1}^{n} a_{ii} \qquad (2\text{-}16)$$

（2）Davies-Bouldin 指标（DB）：定义为类内分散度和各个聚类中心之间的距离。

$$DB(k) = \frac{1}{c} \sum_{i=1}^{c} \max_{j=1\sim c,\ j \neq i} \left(\frac{W_i + W_j}{C_{ij}} \right) \qquad (2\text{-}17)$$

其中，c 是用户聚类的数目，W_i 表示 C_i 类中的所有用户样本到其聚类中心的平均距离，W_j 表示 C_i 类中的所有用户样本到 C_j 类的聚类中心的平均距离，C_{ij} 表示 C_i 类和 C_j 类的中心之间的距离。DB 值越小，表示类与类之间的相似度越低，因此最小的 DB 值代表最佳的聚类结果。

（3）轮廓系数指标（SC）：用于衡量用户在当前集群（内聚）和其他集群（分离）之间的相似度，定义为所有用户样本的轮廓系数平均值，如式（2-18）所示。在 c 个用户集群中，对于每一个用户 i，$a(i)$ 是用户 i 与自己所在集群中的其他用户的平均距离，$b(i)$ 是用户 i 与任何其他集群中的所有用户的最短平均距离。轮廓系数的取值范围是 [–1, 1]，同一类别用户样本距离越相近（即与自身集群匹配良好），并且不同类别用户样本距离越远（即与相邻集群匹配不良），轮廓系数的值越高，因此最大的 SC 值代表最佳聚类结果。

$$SC(c) = \frac{1}{n} \sum_{i=1}^{n} \frac{b(i) - a(i)}{\max\{a(i), \ b(i)\}} \qquad （2\text{-}18）$$

2.5.2 用户聚类评估

为了确定最佳聚类数目，对 LBSNs 用户进行聚类和性能评估。给定聚类数目 $c \in [1, 10]$，在 Foursquare 和 Gowalla 两个数据集上使用不同的聚类数目 c 分别运行 UCB-FCM 算法，对得出的每个用户聚类结果分别计算 CH 指标、DB 指标和 SC 指标值。然后，对同一类的有效性指标值进行比较，对应最佳指标值的聚类数目即为最佳的用户聚类数。

通过实验，对 Foursquare 数据集上的 2321 个用户进行 1 到 10 类划分后的聚类效果评估结果如图 2-6 所示，对 Gowalla 数据集上的 10162 个用户进行 1 到 10 类划分后的聚类效果评估结果如图 2-7 所示。

与此同时，表 2-2 给出 Foursquare 和 Gowalla 两个数据集上不同聚类数目对应的 CH、DB 和 SC 指标结果。从表 2-2 可以看出，当聚类数目为 1，即把所有 LBSN 用户划分为一个集群类别时，Foursquare 和 Gowalla 数据集对应的各个指标值都是 NaN（表示该数不是一个有效的数值），这个结果说明不适用于聚类数为 1 的情况。在聚类数目从 2 类到 10 类的变化过程中，DB 和 SC 指标的实验结果显示，聚类数目 $c=2$ 时，两个数据集上的 DB 指标值都是最小值，SC 指标值都是最大

```
eva =

  DaviesBouldinEvaluation with properties:

    NumObservations: 2321
         InspectedK: [1 2 3 4 5 6 7 8 9 10]
    CriterionValues: [NaN 0.6935 0.7428 0.7770 0.8007 0.9235 0.9251 0.9000 0.8264 0.8058]
           OptimalK: 2



eva =

  CalinskiHarabaszEvaluation with properties:

    NumObservations: 2321
         InspectedK: [1 2 3 4 5 6 7 8 9 10]
    CriterionValues: [NaN 3.4162e+03 3.6368e+03 3.7417e+03 3.6980e+03 3.4282e+03 3.1437e+03 3.1601e+03 2.8301e+03 3.1070e+03]
           OptimalK: 4



eva =

  SilhouetteEvaluation with properties:

    NumObservations: 2321
         InspectedK: [1 2 3 4 5 6 7 8 9 10]
    CriterionValues: [NaN 0.6825 0.6433 0.6192 0.6102 0.5614 0.5816 0.5737 0.5747 0.5822]
           OptimalK: 2
```

图 2-6　Foursquare 数据集的聚类评价结果

```
eva =

  DaviesBouldinEvaluation with properties:

    NumObservations: 10162
         InspectedK: [1 2 3 4 5 6 7 8 9 10]
    CriterionValues: [NaN 0.5866 0.6452 0.6647 0.6464 0.7292 0.7293 0.7830 0.7713 0.7972]
           OptimalK: 2


eva =

  CalinskiHarabaszEvaluation with properties:

    NumObservations: 10162
         InspectedK: [1 2 3 4 5 6 7 8 9 10]
    CriterionValues: [NaN 1.9122e+04 1.9441e+04 1.7913e+04 1.9952e+04 1.8263e+04 1.7058e+04 1.5289e+04 1.7427e+04 1.8144e+04]
           OptimalK: 5


eva =

  SilhouetteEvaluation with properties:

    NumObservations: 10162
         InspectedK: [1 2 3 4 5 6 7 8 9 10]
    CriterionValues: [NaN 0.7471 0.6919 0.7009 0.6716 0.6703 0.6550 0.6586 0.6560 0.6688]
           OptimalK: 2
```

图 2-7　Gowalla 数据集的聚类评价结果

值，说明在 Foursquare 和 Gowalla 数据集中的最佳聚类数都是 2 类。Foursquare 的 CH 指数结果显示，最佳聚类数目是 $c=4$，然而在 Gowalla 数据集中，$c=4$ 的 CH 值排在第六位，显然 $c=4$ 不适合作为 LBSNs 用户的最佳聚类数。对于 $c=2$ 时的 CH 指数值，在 Foursquare 数据集上是排在第五位的 CH 值，在 Gowalla 数据集上是排在第三位的 CH 值，这意味着 $c=2$，即两个聚类集群的性能优于更多集群。因此，综合上述三个性能指标的结果，选取用户聚类集群的最佳数量是 2，也就是把 LBSNs 用户根据签到行为的三维特征，聚成两个明显不同签到行为特征的用户集群。

表 2-2　两个数据集上不同聚类数目的指标值

聚类数目	Foursquare			Gowalla		
	CH	DB	SC	CH	DB	SC
1	NaN	NaN	NaN	NaN	NaN	NaN
2	**3416**	**0.6935**	**0.6825**	**19122**	**0.5866**	**0.7471**
3	3637	0.7428	0.6433	19441	0.6452	0.6919
4	**3742**	0.7770	0.6192	17913	0.6647	0.7009
5	3698	0.8007	0.6102	**19952**	0.6464	0.6716
6	3428	0.9235	0.5614	18263	0.7292	0.6703
7	3144	0.9251	0.5816	17058	0.7293	0.6550
8	3160	0.9000	0.5737	15289	0.7830	0.6586
9	2830	0.8264	0.5747	17427	0.7713	0.6560
10	3107	0.8058	0.5822	18144	0.7972	0.6688

2.5.3　用户聚类结果及现实含义

基于 FCM 的用户聚类是一种无监督的学习，用户样本事先没有标记。根据"物以类聚"原理，用户聚类的目的是使得属于同一个簇的用户样本之间应该彼此相似，而不同簇的用户样本应该足够不相似。把本身没有类别的用户样本，通过相似度度量聚集成不同类别的用户集群，也叫作用户簇。进而，根据每一个用户簇的签到行为特征值，赋予现实含义。

通过上一节的分析，得出最佳用户聚类为两类。在此基础上，为了便于开展后续研究，对 LBSNs 签到数据集进行用户签到行为三维特征计算，并运行 UCB-FCM 算法把用户进行聚类，取聚类数目为 2 的结果。在 Foursquare 数据集中进行用户聚类，其结果如图 2-8 所示。对 Foursquare 和 Gowalla 数据集进行用户聚类后，具体的数据统计如表 2-3 所列。

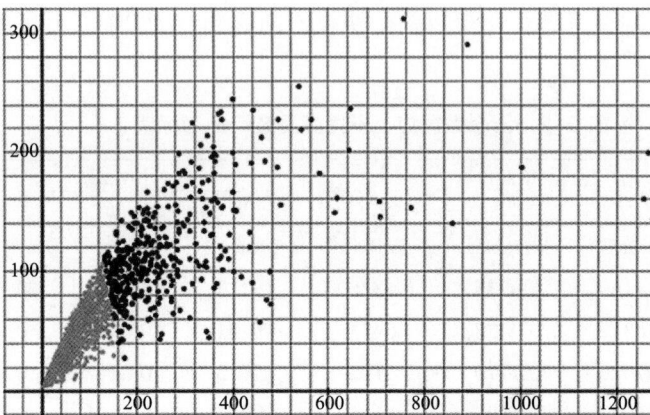

图 2-8　Foursquare 数据集的用户聚类结果

表 2-3　Foursquare 和 Gowalla 数据集的用户聚类数据统计

统计项目	数据集	
	Foursquare	Gowalla
用户总数	2321	10162
第 1 类集群用户数量	1908	9756
第 2 类集群用户数量	413	406
第 1 类集群最终聚类中心的签到次数、兴趣点数量、时间槽数量	43、28、12	29、21、9
第 2 类集群最终聚类中心的签到次数、兴趣点数量、时间槽数量	250、114、19	348、204、18
第 1 类集群用户的签到总次数	88181	304621
第 2 类集群用户的签到总次数	105927	152284

表 2-3（续）

统计项目	数据集	
	Foursquare	Gowalla
第 1 类集群用户平均签到次数	46	31
第 2 类集群用户平均签到次数	256	375
用户聚类算法的运行时间 /s	0.16	0.34

从表 2-3 的聚类结果统计可以看出，Foursquare 和 Gowalla 的第 1 类用户集群的最终聚类中心分别为（43、28、12）和（29、21、9），明显低于两个数据集第 2 类的最终聚类中心（250、114、19）和（348、204、18），表明两类用户在签到次数、兴趣点数量和签到时间槽分布数量方面具有明显差异。此外，从其他统计项目的结果来看，第 1 类用户的统计结果均大大低于第 2 类用户的统计结果。结合以上分析和实际 LBSNs 用户情况，对聚类的两类用户集群赋予现实含义：第 1 类用户的签到行为具有不活跃特性，可以称为不活跃用户；第 2 类用户的签到行为呈现活跃状态，可以称为活跃用户。

2.6　本章小结

针对现有研究对用户自身签到行为的差异性分析不足的缺陷，本章深入研究了 LBSNs 中用户的签到行为特征，细化为用户签到次数、用户签到兴趣点数量和用户签到时间槽分布数量三个维度，并对用户签到行为特征进行建模。在此基础上，提出了基于 FCM 的用户聚类算法 UCB-FCM，对 LBSNs 用户进行聚类和性能评估，得出了最佳聚类结果并赋予现实含义，即 LBSNs 用户根据签到行为特征，可以聚类成活跃用户和不活跃用户两大集群。在接下来的 3 章中，将以不同签到特征的用户集群为基础，研究适合各个用户类别的自适应兴趣点推荐算法，以提高推荐性能。

第 3 章　基于时间特征和协同过滤的自适应 POI 推荐算法

针对基于用户协同过滤无法准确获取用户签到偏好的时间特征，缺乏自适应推荐策略的问题，本章首先提取时间可变性和时间相关性特征。根据第 2 章用户不同的签到行为特征及用户聚类，进行相应的基于阈值过滤的相似用户近邻选择和基于时间槽平滑技术的用户相似度计算，从而实现针对不同签到特征用户的自适应兴趣点推荐。

3.1　问题提出

基于位置社交网络中的签到记录数据能够提供有价值的时间信息，是影响兴趣点推荐性能的重要因素之一。一方面，用户在实际生活中访问地点的行为大多与时间因素有紧密的关系，因此签到记录的时间信息所隐含的特征，能够体现用户在时间维度上的个性化行为偏好；另一方面，把时间的多维特征结合到兴趣点推荐算法中，能够更加深入地利用用户签到兴趣点和时间之间的关联，从而有效地为用户进行特定时间的兴趣点推荐，以提高推荐的性能。因此，时间因素对兴趣点推荐研究具有非常重要的意义，国内外学者围绕时间因素的兴趣点推荐[141]进行了大量研究。

把影响 POI 推荐的时间因素融合到推荐算法的设计中，进而采用相应的推荐技术，来实现为用户推荐感兴趣地点的目的。因此，采用恰当的推荐技术来设计 POI 推荐算法也是至关重要的一个环节。从兴趣点推荐研究采用的技术角度，协同过滤是使用较早的技术，也是推荐系统中应用最广泛的技术之一。兴趣点推荐中的协同过滤思想是从签到数据中学习用户对 POI 的偏好，主要包括两类技术：基于内存的协同过滤 [64-65] 和基于模型的协同过滤 [142-143]。基于内存的协同过滤依据签到数据计算用户或地点之间的相似度，利用用户间存在的相似性，表现为 LBSNs 中访问相同兴趣点的用户具有相似的兴趣偏好，从相似用户访问过的地点中，为目标用户找到推荐的兴趣点。相似度越大的用户，其访问过的兴趣点的推荐概率越大。基于模型的协同过滤利用矩阵分解技术，把兴趣点看作项目，把签到看作评分，构建一个用户 - 兴趣点矩阵，学习每一个用户和兴趣点之间的相关性，因此每一个用户和兴趣点可以分别表示成 k 维隐式特征向量。

虽然基于协同过滤的兴趣点推荐已经有很多研究成果，但是推荐的精度和召回率仍然无法满足用户的要求，原因主要有以下两方面。

（1）在采用协同过滤的兴趣点推荐方法中，对用户之间的相似度一般采用对共同签到的所有地点进行衡量，缺乏对用户签到的时间因素进行特征提取分析和利用，以及缺乏相应结合时间因素的用户相似度计算方法，导致基于用户协同过滤不能体现时间相关性。

（2）现有基于协同过滤的兴趣点推荐方法是针对所有用户进行统一设计，没有考虑用户签到行为的多样性特征，导致兴趣点推荐算法缺乏自适应性，不能很好适用于签到行为不同的用户，推荐的结果对大多数用户来说并不理想。而且，使用所有用户的签到信息来计算用户相似度，会导致计算量巨大和用户相似性噪声的问题，给推荐效果带来了负面影响。

针对上述问题，本章提出一种基于时间特征和用户协同过滤的自适应 POI 推荐方法（CTF-ARA）。首先，对时间特征进行建模，并利用概率统计分析方法，从 LBSNs 历史签到数据集中挖掘和分析时间因素的可变性和相关性特征，以及用户签到行为的相似性特征，这些都是 POI 推荐的重要因素。然后，根据所挖掘的特征，设计基于阈值过滤的相似用户近邻选择算法和融合时间平滑技术的用户相似度计算方法。最后，针对不同签到行为特征的用户，提出具有不同的基于用户协同过滤推荐策略的自适应兴趣点推荐算法，并且对算法中参数取值的影响进行实验讨论。

3.2　符号描述及推荐框架

为了便于理解，给出相关的符号和描述，如表 3-1 所列。

表 3-1　符号和描述

符　号	描　　述
$num_{u,\,t}$	用户 u 在时间槽 t 的签到数量
SUN_u	用户 u 的相似用户近邻集
$r_{u,\,t,\,l}$	用户 u 在时间槽 t 访问兴趣点 l 的签到值
$\hat{r}_{u,\,t,\,l}$	用户 u 在以 t 为中心的连续时间槽内访问兴趣点 l 的签到值
$\tilde{r}_{u,\,t,\,l}$	用户 u 在所有时间槽内访问兴趣点 l 的签到值
$sim_{t,\,t'}$	两个时间槽 t 和 t' 的相似度
$sim_{u,\,v}^{(kt)}$	基于 k 个连续时间槽的用户相似度
$sim_{u,\,v}^{(at)}$	基于所有时间槽的用户相似度
$sim_{u,\,t,\,l}^{(kt)}$	基于连续时间槽的用户 u 在 t 访问兴趣点 l 的推荐概率

在挖掘时间特征的基础上，研究基于用户协同过滤的自适应 POI 推荐算法，推荐框架如图 3-1 所示。

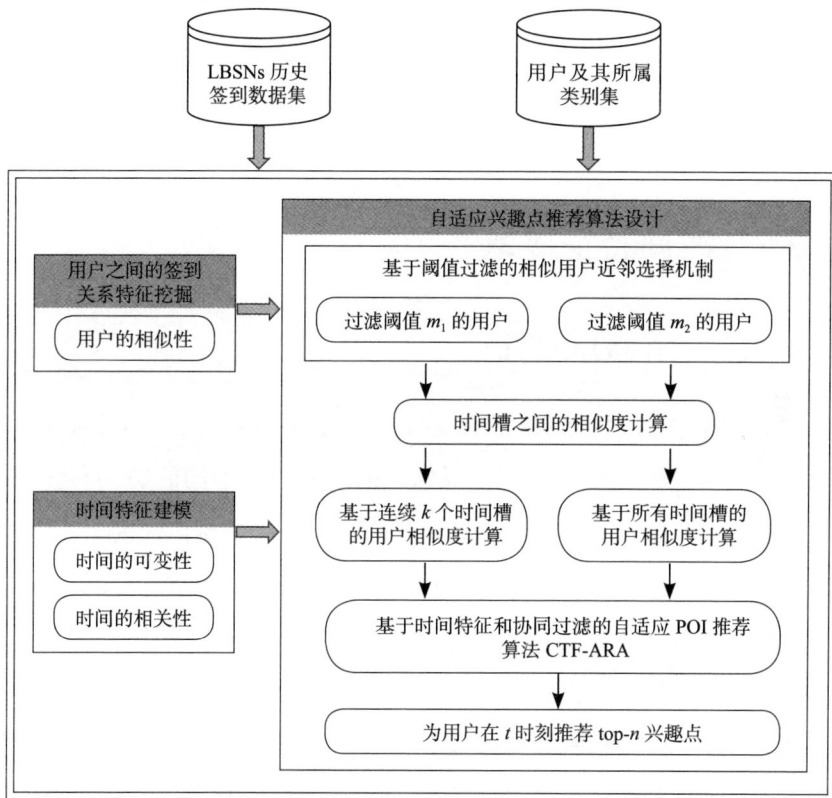

图 3-1　基于时间特征和协同过滤的自适应 POI 推荐框架

从图 3-1 中可以看出，主要涉及两个数据源，一个是 LBSNs 历史签到数据集，用来做特征提取分析和推荐算法的训练学习；另一个是用户及其所属类别集，用于对不同签到行为的用户进行自适应 POI 推荐算法的设计。具体的研究思路如下。首先，根据 LBSNs 历史签到数据集进行时间特征建模和用户之间的签到关系特征挖掘，只有通过充分全面的多维度细粒度特征学习和挖掘，才能更准确地反映用户在时间上的签到偏好和用户之间的签到相似性，提高兴趣点推荐的时效性和准确性。更重要的是，对于不同签到行为特征的用户，会相应呈现出不同的时间特征和用户相似性。然后，在 LBSNs 签到数据集和用户类别集的基础上，依据特征分析结果，针对用户的类别进行不同阈值过滤的相似用户近邻选择，以及不同时间槽长度的用户相似度计算。最后，结合时间槽之间的相似度和协同过滤机制，设计具有不同推荐策略的自适应的兴趣点推荐算法，给用户进行 t 时刻的 top-n 兴趣点推荐。

3.3　时间特征提取

3.3.1　时间的可变性

在 LBSNs 中，时间信息对给定时刻的兴趣点推荐起着非常重要的作用。时间的可变性是指用户在一天的不同小时中有不同的访问和签到偏好。例如，一个用户喜欢中午去饭店吃饭，下午去咖啡店，晚上去剧院。LBSNs 签到信息中的时间可变性（variability of time）特征，能够通过各个时间槽的签到比率来进行度量。下面给出时间槽的签到比率定义，并对 LBSNs 数据集进行实验和分析。

定义 3.1（时间槽的签到比率）　对于时间槽 $t \in T$，在该时间槽的签到比率 VT_t 定义为在签到数据集 UC_{all} 中，在 t 时间槽签到记录总数与总共签到记录数的比值，如式（3–1）所示。

$$VT_t = \frac{\sum_{u \in U} num_{u,t}}{|UC_{\text{all}}|} \tag{3–1}$$

在 Foursquare、Gowalla 和 Brightkite 三个数据集中，分别计算每个时间槽对应的签到比率值，结果如图 3–2 所示。从图 3–2 可以看出，LBSNs 用户在不同的时间槽中的签到比率明显不同，表明用户在不同时刻具有不同的兴趣爱好。因此，在 POI 推荐中加入时间槽的签到偏好信息，会更加准确地抓住用户在时间上的兴趣特征，从而得到更好的推荐效果。

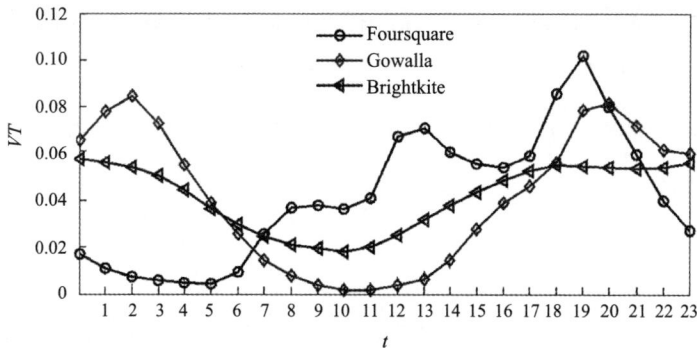

图 3-2　不同时间槽下的 VT 值

3.3.2　时间的相关性

根据小时把用户的签到时间划分为 24 个时间槽，用户的签到行为偏好在不同时间槽中具有差异性，同时又具有相关性，即在相邻的时间槽具有相似的签到偏好。例如，用户在 11 点到 13 点之间签到餐厅一类地点的概率较大。为了描述用户在时间维度上签到的相关程度，给出签到相同地点的时间差概率定义，并对 LBSNs 数据集中每个用户签到的每个兴趣点进行时间相关性（correlation of time）的实验和分析。

定义 3.2（签到相同地点的时间差概率）　设用户 $u \in U$ 在一个兴趣点 $l \in L$ 首次签到的时间槽是 $t_{u, l}$，之后再签到该兴趣点的时间槽是 $t'_{u, l}$，二者之间的时间差为 $\Delta t = t_{u, l} - t'_{u, l}$。对于 LBSN 中的所有用户，签到相同地点的时间差概率 $CT_{\Delta t}$，定义为时间差 Δt 的个数与所有时间差数量的比值，如式（3-2）所示。

$$CT_{\Delta t} = \frac{\displaystyle\sum_{u \in U} num_{u, \Delta t}}{\displaystyle\sum_{\Delta t=-11}^{12} \left(\sum_{u \in U} num_{u, \Delta t} \right)} \qquad （3-2）$$

其中，如果时间差 $\Delta t > 12$，则 $\Delta t = \Delta t - 24$；如果 $\Delta t < -11$，则 $\Delta t = \Delta t + 24$。

经过处理后，时间差的范围是 $\Delta t = \{-11, -10, \cdots, 11, 12\}$。

为了挖掘时间的相关性特征，在 Foursquare 和 Gowalla 两个数据集中，利用式（3-2）分别得到不同时间差概率 $CT_{\Delta t}$ 的分布函数 $CT_F(\Delta t)$ 和 $CT_G(\Delta t)$，如式（3-3）和式（3-4）所示。

$$CT_F(\Delta t) = \begin{cases} 0.0063, & \Delta t = -11 \\ \quad\vdots \\ 0.1072, & \Delta t = -1 \\ 0.2186, & \Delta t = 0 \\ 0.1131, & \Delta t = 1 \\ \quad\vdots \\ 0.0070, & \Delta t = 12 \end{cases} \tag{3-3}$$

$$CT_G(\Delta t) = \begin{cases} 0.0108, & \Delta t = -11 \\ \quad\vdots \\ 0.1106, & \Delta t = -1 \\ 0.1907, & \Delta t = 0 \\ 0.1175, & \Delta t = 1 \\ \quad\vdots \\ 0.0091, & \Delta t = 12 \end{cases} \tag{3-4}$$

签到相同地点的时间差概率分布如图 3-3 所示。从图 3-3 可以看出，不同的时间槽差值具有不同的签到相关性概率，在时间差 $\Delta t = 0$ 时，也就是不同日期的相同时间内，Foursquare 和 Gowalla 用户再次签到相同地点的概率分别达到最大值 21.86% 和 19.07%，并且随着时间槽差值的增大，用户签到相同位置的概率逐渐降低。由此得出，在为用户推荐一个时刻的兴趣点时，如果仅仅使用目标时刻的相关信息，虽然具有很高的推荐概率，但是忽略了相邻其他时间槽的相关性，从而损失一部分推荐结果。因此，在兴趣点推荐中，利用各个时间槽与目标时间槽的相关性特征，不仅可以避免时间划分产生的数据稀疏性问题，还能够更准确、全面地反映用户在不同时间上的签到偏好和签到相关性，从而达到提高推荐性能的目的。

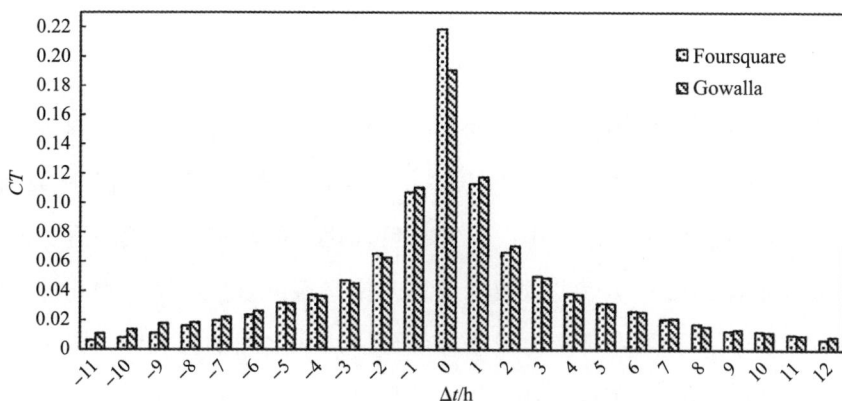

图 3-3　签到相同地点的时间差概率分布图

3.4　基于用户协同过滤和时间特征的自适 POI 推荐算法

3.4.1　用户相似性特征及基于阈值过滤的相似用户近邻选择方法

尽管用户具有各自不同的签到偏好，但是用户之间可能存在签到行为的相关性，因为一些用户在相同的地点进行访问并签到，表示他们具有相同的爱好。这种具有相同签到偏好的用户，称为相似用户。用户相似性可以通过用户签到相同地点的数量来进行度量，既具有较好的可解释性，又便于进行用户近邻选择。

定义 3.3（用户相似性） 对于 LBSN 中的用户 u，$v \in U$，用户 u 和用户 v 之间的相似性 $SU_{u,v}$ 定义为他们共同签到的兴趣点数量，如式（3-5）所示。$r_{u,l}$ 是一个二进制值，表示用户 u 是否在兴趣点 l 签到，即如果用户 u 在兴趣点 l 签到，则 $r_{u,l}=1$，否则 $r_{u,l}=0$。

$$SU_{u,v} = \sum_{l \in L} r_{u,l} r_{v,l} \qquad （3-5）$$

相似用户可以为进行推荐的目标用户提供一些具有相同签到偏好的新候选位置，因此选择相似用户是进行协同过滤 POI 推荐的前提基础。进而，在众多的相似用户中，存在与目标用户的相似程度大小之分，选择高相似性的用户不仅可以减少计算开销，还可以借助用户之间的紧密关系来减少推荐的噪声。为了全方位分析用户之间的相似性，图 3-4 中绘制了 Foursquare 和 Gowalla 数据集上用户相似性的累积分布，其中每一个数据集分成不活跃用户、活跃用户和所有用户三种情况。

从图 3-4 可以看出：① Foursquare 和 Gowalla 中签到一个相同位置的概率分别达到 47.77% 和 79.32%，有 85.89% 的 Foursquare 用户签到少于 4 个相同地点，有 92.56% 的 Gowalla 用户签到少于 2 个相同地点。这表明整个用户数据集中有一半或更多的用户与目标用户的相似性非常低，因为如果两个用户在大量的兴趣点中只签到 1 个或 2 个相同的位置，那么他们之间的相关性非常小。② 在每个数据集中，签到行为不活跃用户的 SU 累计分布值均高于相应的签到行为活跃用户的 SU 累积分布值。例如，在 Foursquare 的不活跃用户中，签到一个相同地点的概率是 62.29%；在 Foursquare 的活跃用户中，签到一个相同地点的概率是 32.09%。有 83.83% 的 Gowalla 不活跃用户签到一个相同地点，有 66.87% 的 Gowalla 活跃用户签到一个相同地点。这说明签到行为具有不同特征的不活跃用户和活跃用户，具有明显不同的用户相似性，而且活跃用户之间签到相同地点的数量更多。

基于上述两方面发现，考虑到较小相似性的用户对推荐的影响较小，所以在设计 POI 推荐算法时，将对最不相似的用户进行过滤，选择出相似度较高的用户作为近邻用户来进行协同过滤推荐，以提高推荐的效率和准确性。此外，还针对不同签到行为特征的用户，分别进行近邻用户选择，以适应各类用户自身的特点。

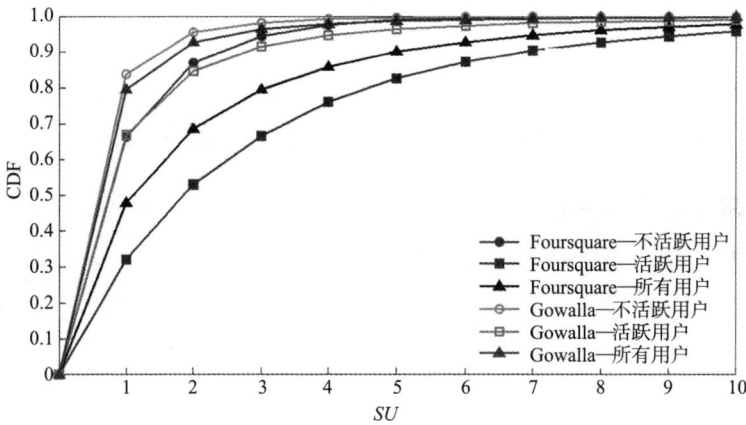

图 3-4 用户相似性的累积分布

在设计自适应 POI 推荐算法时，首先根据用户的相似性特征进行相似用户近邻选择，这是协同过滤推荐的重要步骤，因为相似性小的用户将会降低 POI 推荐结果的准确性，通过相似近邻选择机制不仅可以提高 POI 推荐的准确性，而且可以降低基于用户的协同过滤推荐 [144-145] 的计算开销。

为了给目标用户选择最相似的用户近邻，基于用户自身的签到行为特征和用户之间的相似性特征，提出一种基于阈值过滤的相似用户近邻选择算法（threshold filtering based similar user neighbors selection algorithm，FSUA）。FSUA 算法的主要思想是：引入阈值因子 m_1 和 m_2（均是不小于 0 的正整数）来提高不同签到行为特征用户的相似近邻筛选条件，通过与用户相似性值 $SU_{u,v}$ 作比较，设定 $SU_{u,v}$ 大于阈值因子的用户才能被选择为相似用户近邻，即过滤掉与目标用户签到相同位置较少的相似用户，从而得到最邻近的相似用户，为目标用户进行最符合其签到偏好的兴趣点推荐。具体来说，对于签到行为活跃的用户，过滤的阈值因子是 m_1；对于签到行为不活跃的用户，过滤的阈值因子是 m_2。因此能够相应得到最适合用户自身签到行为特征的相似用户近邻结果。通过动态调节 m_1 和 m_2，不仅可以提高协同过滤 POI 推荐算法的灵活性，还能够实现算法对不同 LBSNs 应用场景的可扩展性和适应性。FSUA 算法的具体描述如算法 3–1 所示。

算法 3–1　基于阈值过滤的相似用户近邻选择算法 FSUA

输入：UC_{all}：用户签到数据集；

　　　　$UCluster$：用户及其所属类别集合；

　　　　u：目标用户；

输出：用户 u 的相似用户近邻集 SUN_u

Begin

（01）for i=1 to $|UC_{all}|$ do

（02）　　　　if $u_i=u$ then

（03）　　　　　　add l_i to L_u；

（04）　　　　end if

（05）end for

（06）for i=1 to $|UC_{all}|$ do

（07）　　　　if $l_i \in L_u$ then

（08）　　　　　　add u_i to similar user set S_u；

（09）　　　　end if

（10）end for

（11）for each $v \in S_u$ do

（12）　　compute $SU_{u,\,v}$ using Eq.（3–5）；

（13）　　　if（$v \in UCluster$ is an active user and $SU_{u,\,v} > m_1$）then

（14）　　　　add v to SUN_u;

（15）　　　else if（$v \in UCluster$ is an inactive user and $SU_{u,\,v} > m_2$）then

（16）　　　　add v to SUN_u;

（17）　　　end if

（18）end for

（19）return SUN_u;

End

算法 3–1 主要包括三部分：第一部分（第 1~5 行）是求出目标用户 u 去过的地点集合 L_u；第二部分（第 6~10 行）是找出 LBSN 签到数据集中，去过用户 u 签到的地点 L_u 的其他所有相似用户集合 S_u；第三部分（第 11~19 行）是计算用户 u 的与其相似用户之间的相似度 $SU_{u,v}$，并根据用户 u 的签到行为特征分情况进行阈值过滤，最后选择生成相似用户近邻集合 SUN_u。

在 FSUA 算法中，主要的工作是遍历签到数据集中的每一条记录，来求出用户签到的地点 L_u 和相似用户 S_u。因此，FSUA 算法的时间复杂度是 $o\,(\,|UC_{\mathrm{all}}|\,)$。

3.4.2　融合时间平滑技术的用户相似度计算

根据时间可变性特征的分析可知，用户在不同的时刻具有不同的签到特征，那么在为用户做特定时间的兴趣点推荐中融入时间信息，结合推荐目标时刻的用户签到偏好，将会使推荐结果更符合用户访问地点在时间上的兴趣爱好，提升用户在时间维度上的相关度。虽然基于时间特征的兴趣点推荐更具有现实的意义，但是也会带来新的问题。由于基于位置社交网络签到数据集的数据极为稀疏，如果将用户的签到数据按照时间进行划分，在推荐方法当中仅仅使用一个时间槽的签到信息，将会加剧数据的稀疏性，甚至会降低推荐的精度。为了解决这个问题，基于第 3.3.2 节时间相关性特征的分析，本章在计算用户相似度的过程中，使用连续的多个时间槽来对余弦相似度进行扩展，即使用时间平滑技术以更好地体现时间槽的相关性，从而获得更好的推荐性能。这也很容易解释，如果一些用户总在连续的时间段内访问相同的兴趣点，他们的相似度将会更高。

综上所述，本节提出融合时间平滑技术的用户相似度计算方法，以充分利用 LBSNs 用户签到的时间特征。首先给出时间槽相似度定义，用来度量各个时间之间的相关性。在此基础上，给出基于 k 个连续时间槽的用户相似度定义，用来度量签到行为具有活跃特征的用户之间的相关性，同时还给出基于所有时间槽的用户相似度定义，用来度量签到行为具有不活跃特征的用户之间的相关性。

定义 3.4（时间槽相似度） 两个时间槽 $t \in T$ 和 $t' \in T$ 之间的相似度表示为 $sim_{t,\ t'}$，定义为所有用户在这两个时间槽签到相似度的平均值，如式（3–6）和式（3–7）所示。

$$sim_{t,\ t'} = \frac{\sum_{u \in U} sim_{t,\ t'}^{u}}{|U|} \tag{3–6}$$

$$sim_{t,\ t'}^{u} = \frac{\sum_{l \in L_u}(r_{u,\ t,\ l}\, r_{u,\ t',\ l})}{\sqrt{\sum_{l \in L_u} r_{u,\ t,\ l}^2}\ \sqrt{\sum_{l \in L_u} r_{u,\ t',\ l}^2}} \tag{3–7}$$

其中，$sim_{t,\ t'}^{u}$ 表示用户 $u \in U$ 在两个时间槽 t 和 t' 签到的相似度，$r_{u,\ t,\ l}$ 是一个二进制值，表示用户 u 是否在时间槽 t 签到兴趣点 l，如果有签到记录，那么 $r_{u,\ t,\ l} = 1$，否则 $r_{u,\ t,\ l} = 0$。

在已有经典的余弦相似度计算中，用户是否签到一般用二进制值[146]表示，即签到用 1 表示，没签到用 0 表示。与这种表示方法不同，本节考虑用户在其他时间槽的签到相关性，融入不同的时间槽相似度来重新定义用户签到值。在此基础上，把余弦相似度思想和时间因素相结合，认为如果两个用户在相同的时间段内签到的相同位置越多，则这两个用户之间的相似度值越大。因此，提出下面两种新的融合时间槽平滑技术的用户相似度计算方法。

定义 3.5（基于 k 个连续时间槽的用户相似度）　对于两个用户 $u \in U$，$v \in SUN_u$，基于 k 个连续时间槽的用户 u 和 v 之间的相似度表示为 $sim_{u,v}^{(kt)}$，定义如式（3-8）所示。其中，$\hat{r}_{u,t,l}$ 表示用户 u 在以时间槽 t 为中心的连续时间段内（即把时间槽 t 向前和向后分别扩展 k 个时间槽）访问兴趣点 l 的签到值，如式（3-9）所示。

$$sim_{u,v}^{(kt)} = \frac{\sum_{t \in T} \sum_{l \in L} \hat{r}_{u,t,l} \hat{r}_{v,t,l}}{\sqrt{\sum_{t \in T} \sum_{l \in L} \hat{r}_{u,t,l}^2} \sqrt{\sum_{t \in T} \sum_{l \in L} \hat{r}_{v,t,l}^2}} \tag{3-8}$$

$$\hat{r}_{u,t,l} = \sum_{t'=t-k}^{t+k} \left(\frac{sim_{t,t'}}{\sum_{t'=t-k}^{t+k} sim_{t,t'}} \times r_{u,t',l} \right) \tag{3-9}$$

定义 3.6（基于所有时间槽的用户相似度）　对于两个用户 $u \in U$，$v \in SUN_u$，基于所有时间槽的用户 u 和 v 之间的相似度表示为 $sim_{u,v}^{(at)}$，定义如式（3-10）所示。其中，$\tilde{r}_{u,t,l}$ 表示基于所有时间槽的用户签到值，如式（3-11）所示。

$$sim_{u,v}^{(at)} = \frac{\sum_{t \in T} \sum_{l \in L} \tilde{r}_{u,t,l} \tilde{r}_{v,t,l}}{\sqrt{\sum_{t \in T} \sum_{l \in L} \tilde{r}_{u,t,l}^2} \sqrt{\sum_{t \in T} \sum_{l \in L} \tilde{r}_{v,t,l}^2}} \tag{3-10}$$

$$\tilde{r}_{u,t,l} = \sum_{t' \in T} \left(\frac{sim_{t,t'}}{\sum_{t' \in T} sim_{t,t'}} \times r_{u,t',l} \right) \tag{3-11}$$

在进行基于用户协同过滤的自适应 POI 推荐中，利用上文提出的融合时间平滑技术的用户相似度计算方法，能够有效解决用户相似度关联不紧密和时间相关度较低问题，还能够解决数据稀疏问题，从而提高 POI 推荐算法的性能。更重要的是，针对不同签到行为特征的用户，自适应使用不同的融合时间平滑技术的用户相似度计算方法，以取得最佳的推荐效果。具体来说，针对签到行为活跃的用户，使用基于 k 个连续时间槽的用户相似度计算方法。原因是这类用户访问的地点量非常多，也具有极为丰富的相似用户，抽取一部分相关度高的时间段来进行用户相似度计算，能得到更高的推荐精度。针对签到行为不活跃特征的用户，考虑其具有较少的签到信息，相应地具有较少相似用户，使用基于所有时间槽的用户相似度计算方法，能充分利用所有时间段的签到偏好，得到更全面的推荐结果。

3.4.3 基于时间特征和协同过滤的自适应 POI 推荐算法

利用相似用户过滤、时间平滑技术和协同过滤机制，本节提出一种结合签到行为和时间特征的自适应 POI 推荐算法（check-in and temporal features based adaptive POI recommendation algorithm，CTF-ARA）。自适应性体现在针对不同签到行为特征的用户采用不同的推荐策略，每个策略主要包括三个部分：相似用户近邻选择、基于时间槽的用户相似度计算和基于时间平滑技术的用户协同过滤。

自适应兴趣点推荐算法 CTF-ARA 的核心思想如下所述。

首先，执行算法 3-1，求出目标用户 u 的相似用户近邻集合 SUN_u，根据用户 u 的所属类别，过滤相似度小于阈值的不相似用户。

然后，计算各个时间槽之间的相似度 $sim_{t,t'}$，并计算用户 u 与其相似用户近邻集合 SUN_u 中的用户之间的相似度。对于签到行为具有活跃特征类别的用户，具有较多的签到记录和相似用户，计算用户 u 和其相似用户 $v \in SUN_u$ 之间的基于连续 k 个时间槽的相似度 $sim_{u,v}^{(kt)}$；对于不活跃一类的用户，具有较少的签到记录和相似用户，计算用户 u 和其相似用户 $v \in SUN_u$ 之间的基于所有时间槽的相似度 $sim_{u,v}^{(at)}$。

最后，为目标用户 u 进行特定时间 t 的兴趣点推荐，根据用户的签到特征选择使用下面两种推荐策略。

策略 1：针对活跃一类的用户，基于连续时间槽相似度，计算用户 u 在 t 时间签到候选位置 l 的推荐概率值 $p_{u,t,l}^{(kt)}$，如式（3-12）所示。

$$p_{u,t,l}^{(kt)} = \frac{\sum_{v \in SUN} \left(sim_{u,v}^{(kt)} \cdot \sum_{t'=t-k}^{t+k} r_{v,t',l} sim_{t',t} \right)}{\sum_{v \in SUN} sim_{u,v}^{(kt)}} \qquad (3\text{-}12)$$

策略 2：针对不活跃一类的用户，基于所有时间槽相似度，计算用户 u 在 t 时间签到候选位置 l 的推荐概率值 $p_{u,t,l}^{(at)}$，如式（3-13）所示。

$$p_{u,t,l}^{(at)} = \frac{\sum_{v \in SUN} \left(sim_{u,v}^{(at)} \cdot \sum_{t' \in T} r_{v,t',l} sim_{t',t} \right)}{\sum_{v \in SUN} sim_{u,v}^{(at)}} \qquad (3\text{-}13)$$

基于上述分析，给出基于时间特征和协同过滤的自适应 POI 推荐算法 CTF-ARA 的具体描述（算法 3-2）。

算法 3-2　CTF-ARA

输入：UC_{all}：用户签到数据集；

　　　$UCluster$：用户及其所属类别集合；

　　　u：目标用户；

　　　t：推荐的时间槽；

输出：推荐的 top-n 兴趣点集合

Begin

（01）call Algorithm 3-1 to get similar user neighbors set SUN_u of u；

（02）for $t \in T$ do

（03）　　　　compute $sim_{t,t'}$ using Eq.(3-6)；

（04）end for

（05）if $u \in UCluster$ is an active user then　　　　// 策略 1

（06）   for each $l \in L$ and $t' \in [t-k,\ t+k]$ do

（07）   compute $\hat{r}_{u,\ t,\ l}$ using Eq.(3–9);

（08）   end for

（09）   for each $v \in SUN_u$ and $l \in L$ and $t \in T$ do

（10）   compute $sim_{u,\ v}^{(kt)}$ using Eq.(3–8);

（11）   end for

（12）   for each $v \in SUN_u$ and $t' \in [t-k,\ t+k]$ do

（13）   compute $p_{u,\ t,\ l}^{(kt)}$ using Eq.(3–12);

（14）   end for

（15） else   // 策略 2

（16）   for each $l \in L$ and $t' \in T$ do

（17）   compute $\tilde{r}_{u,\ t,\ l}$ using Eq.(3–11);

（18）   end for

（19）   for each $v \in SUN_u$ and $l \in L$ and $t \in T$ do

（20）   compute $sim_{u,\ v}^{(at)}$ using Eq.(3–10);

（21）   end for

（22）   for each $v \in SUN_u$ and $t' \in T$ do

（23）   compute $p_{u,\ t,\ l}^{(at)}$ using Eq.(3–13);

（24）   end for

（25） end if

（26） sort($p_{u,\ t,\ l}^{(kt)}$) or sort ($p_{u,\ t,\ l}^{(at)}$);

（27） return top-n POIs;

End

CTF-ARA 算法首先调用算法 3–1 来构造目标用户 u 的相似用户近邻集合 SUN_u（第 1 行），并且计算各个时间槽之间的相似度（第 2~4 行）。然后，根据目标用户的签到特征，对签到行为活跃的用户采用策略 1（第 5~14 行），对不活跃用户采用策略 2（第 15~25 行），计算候选 POI 的推荐概率值。最后，对概率值进行降序排序，并返回最大的 top-n 个 POI 作为推荐结果（第 26~27 行）。

CTF-ARA 算法的时间复杂度分析：在算法 CTF-ARA 中，计算时间槽之间的相关度概率的时间复杂度为 $o(24 \times |U| \times |L_u|)$；计算用户相似度的时间复杂度为 $o(|U| \times |L_{uv}|)$，其中 $|L_{uv}|$ 是用户 u 和 v 共同访问过的兴趣点的最大个数；在推荐过程中计算所有兴趣点概率的最大时间复杂度为 $o(24 \times |L| \times |U|)$。因此，CTF-ARA 算法的总时间复杂度为 $o(24 \times |U| \times |L_u| + |U| \times |L_{uv}| + 24 \times |L| \times |U|)$。

3.5　参数值的设置

3.5.1　时间槽长度 k 值的设置

在第 3.4.2 节提出的融合时间平滑技术的用户相似度计算中，针对签到行为活跃的用户，采用基于 k 个连续时间槽的用户相似度计算方法，如式（3–6）所示。参数 k 表示把目标时间 t 同时向前和向后增加 k 个连续时间槽，即使用与目标时间槽 t 时差绝对值小于 k 的共 $(2 \times k+1)$ 个连续时间槽的平滑技术来进行推荐。在兴趣点推荐算法中，对于连续时间槽长度 k 的取值是算法的关键问题，因为使用合理的连续时间槽能够降低其他多余时间槽产生的噪声影响，更好体现用户在时间上的签到特征，从而能提高推荐性能。为了选择最优的时间槽长度 k，对 CTF-ARA 算法的不同 k 值在 Foursquare 和 Gowalla 两个数据集的签到行为活跃用户（设置 $m_1=0$）进行实验，top–5 精度和召回率的结果如图 3–5 所示。

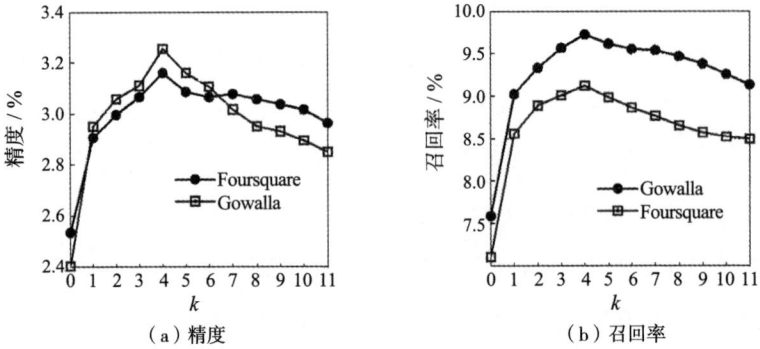

（a）精度　　　　　　　　　　　（b）召回率

图 3-5　参数 k 对 top-5 推荐性能的影响

从图 3-5 可以看出，随着 k 值的增加，即时间槽的扩增，两个数据集的 CTF-ARA 算法的推荐精度和召回率首先呈上升的趋势，在 $k=4$ 时精度和召回率都达到最大值，随后随着 k 值的增加，精度和召回率逐渐降低。具体来说，在 Gowalla 数据集中，CTF-ARA 算法在使用 9 个连续时间槽（$k=4$）的精度比仅仅使用一个时间槽（$k=0$）的精度提高了 35.49%，在相同的条件下召回率提高了 28.27%。在 Foursquare 数据集中，利用连续的 9 个相邻时间槽比仅利用当前的目标时间槽（$k=0$）的推荐精度和召回率分别提高了 23% 和 28%，比利用所有时间槽减少了 38% 的时间槽计算开销，并且推荐精度提高了 5% 左右。分析原因，是由于用户更愿意在最相邻的时间段内访问相关的兴趣点，并且随着时间的推移和延长，相关性越小，访问的意愿越弱，访问的概率越低，这与时间相关性分析一致。基于以上实验结果和分析，设置参数 $k=4$，也就是采用以目标时刻 t 为中心的前后对称的共 9 个连续相邻时间槽，来计算用户相似度。

3.5.2　阈值因子 m_1 和 m_2 的设置

在相似用户近邻选择的过程中，参数 m_1 表示签到行为活跃特征用户的过滤阈值，参数 m_2 表示签到行为不活跃用户的过滤阈值，即与用户 u 共同签到地点数小于过滤阈值的用户被视为极小的相似性，从而不会添加到相似用户近邻集合中。在 Foursquare 和 Gowalla 两个数据集上，通过对比 CTF-ARA 算法执行结果的性能，来调试阈值因子 m_1 和 m_2 的值。

图 3-6 给出不同 m_1 和 m_2 值对应的精度和召回率结果。如图 3-6（a）所示，随着 m_1 值的增加，精度随之变大，在 m_1=2 时达到最高精度值，即过滤掉与目标用户签到相同位置次数不大于 2 次的推荐效果最好。随后，两个数据集上的精度都随着 m_1 的增加而降低。在图 3-6（b）中，可以看到召回率有类似的变化趋势。以上结果表明，通过设置阈值 m_1=2 的相似用户过滤机制，活跃用户的精度和召回率能够得到有效提高，而且通过实验得到，在 Foursquare 和 Gowalla 测试集中的目标用户分别过

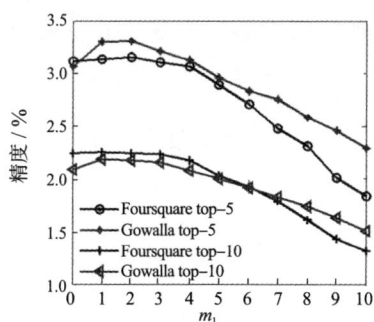

（a）m_1 对精度的影响

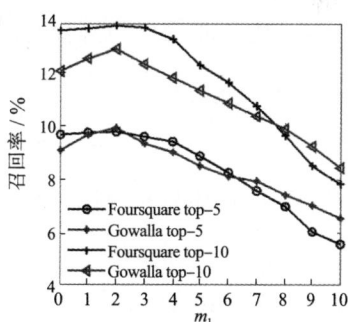

（b）m_1 对召回率的影响

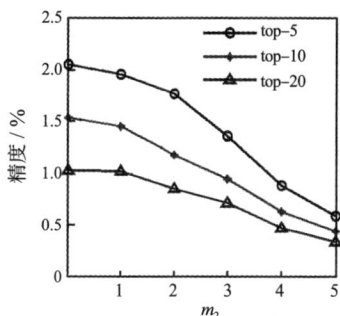

（c）Foursquare 数据集中 m_2 对精度的影响

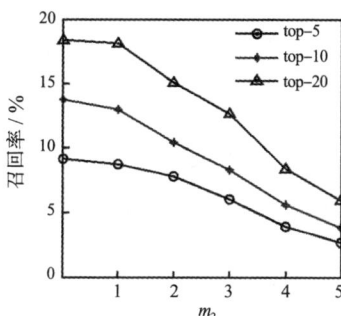

（d）Foursquare 数据集中 m_2 对召回率的影响

图 3-6　参数 m_1 和 m_2 对推荐精度和召回率的影响

滤掉 68% 和 92% 的相似用户。分析原因，是由于活跃用户有非常丰富的签到记录和较多的相似用户，通过去除掉不相似的用户，不仅能够提高用户之间的相关度，使用户之间的联系更紧密，还可以减少计算开销，更好地提高算法的推荐精度和召回率。

对于签到行为不活跃类别的用户，在 Foursquare 数据集上进行参数 m_2 的实验调试，图 3-6（c）和图 3-6（d）中给出 CTF-ARA 算法的 top-n 的精度和召回率。如图 3-6（c）和图 3-6（d）所示，精度和召回率都随着参数 m_2 的增加而降低，这说明对于不活跃用户，相似用户过滤不能提高推荐的性能。原因是不活跃用户具有较少的签到记录，如果使用过滤机制会导致数据更加稀疏，从而降低了推荐的性能。因此，对于签到行为不活跃的用户，选择与其具有相似性的所有用户作为相似用户近邻。

综上所述，在自适应 CTF-ARA 算法中，设置阈值过滤因子 m_1=2 和 m_2=0 来进行相似用户近邻的选择。

3.6 实验与评价

为了验证提出算法的有效性，把 LBSNs 兴趣点推荐领域中公认的 Foursquare 和 Gowalla 两个历史签到数据集作为实验数据来源，分别从推荐精度、召回率、F_β 指标、算法运行时间方面，对提出的算法和多个经典 POI 推荐算法进行实验对比分析和性能评价，从而验证本章提出的自适应兴趣点推荐算法的有效性。

3.6.1 实验数据集

本书采用公开发布的 Foursquare（.txt 文件的大小是 11.8 MB）和

Gowalla（.txt 文件的大小是 25.7 MB）两个 LBSNs 大规模用户签到数据集[①]，对提出的自适应兴趣点推荐算法和已有基准算法进行性能对比实验。为了进行更全面的特征挖掘，在特征提取与分析中，加入 Brightkite 数据集[②]（.txt 文件的大小是 56.9 MB）作为数据分析的辅助数据集。

在 Foursquare 数据集上，虽然不能直接使用 APIs 来爬取数据，但是一部分用户把他们的账号链接到 X（Twitter）上，用户的签到信息能够从 X（Twitter）进行爬取得到。使用的 Foursquare 数据集收集了 2010 年 8 月至 2011 年 7 月用户在新加坡的历史签到数据。Gowalla 提供多个公有的应用程序接口，允许研究人员爬取所有用户的信息，包括含有时间戳和位置详细信息的所有签到历史记录。使用的 Gowalla 数据集收集了 2009 年 2 月至 2010 年 10 月用户在美国加利福尼亚州和内华达州的历史签到数据。Brightkite 数据集收集的是所有用户的签到地点记录，时间段为 2008 年 4 月至 2010 年 10 月。

为了更加直观地说明实验数据集，给出签到数据集的结构，每条记录具体包括用户 ID、地点 ID、地点的纬度坐标、地点的经度坐标、时间和日期 ID，如图 3-7 所示。

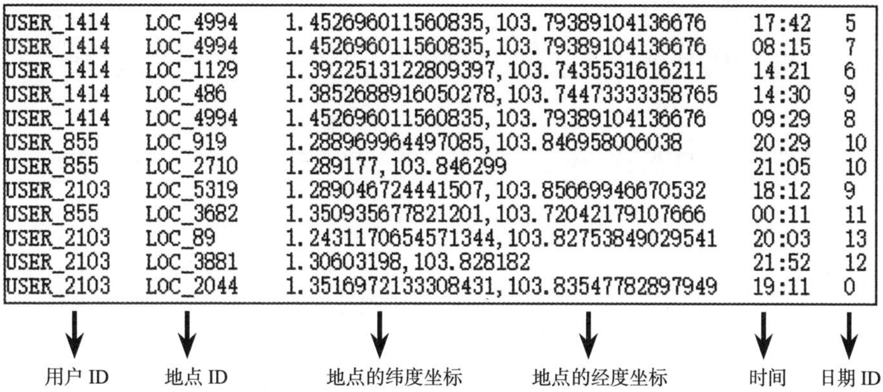

图 3-7　签到数据集的结构

---

① http://www.ntu.edu.sg/home/gaocong/datacode.htm.

② http://snap.stanford.edu/data/loc-brightkite.html.

此外，从多个不同方面对 LBSNs 用户历史签到数据集分别进行统计，结果如表 3-2 所列。从表 3-2 可以看出，LBSNs 数据集包含了大量的用户和兴趣点，而且 Foursquare、Gowalla 和 Brightkite 三个数据集的用户签到记录逐一增多，分别呈现不同的数据量级，具有一定的代表性。还可以看出三个数据集都存在着极为严重的数据稀疏问题，因为与现实世界中丰富繁多的地点相比，每个用户能访问并签到的地点犹如繁星中的一点，实在是太有限，数据稀疏问题也是导致兴趣点推荐算法性能较低的主要原因。

表 3-2　LBSNs 签到数据集的统计结果

统计项目	Foursquare	Gowalla	Brightkite
签到记录数量	194108	456905	4452694
兴趣点数量	5596	24236	702401
用户数量	2321	10162	50687
每个兴趣点的平均签到记录数	34.69	18.85	6.34
每个兴趣点的平均访问用户数	18.90	12.72	1.53
每个用户的平均签到记录数	83.63	44.97	87.85
每个用户的平均签到兴趣点数	45.57	30.26	21.17
用户 – 兴趣点矩阵的密度	14.9×10^{-3}	1.86×10^{-3}	1.25×10^{-4}
数据稀疏度	98.51%	99.814%	99.9875%
数据收集时间长度 / 月	12	21	31

3.6.2　评估指标

在兴趣点推荐中，为每个用户计算其候选兴趣点的推荐概率值，然后给用户推荐前 top-n 个概率值高的地点。为了评估兴趣点推荐方法的性能，使用推荐精度、召回率、F_β 指标和时间的平均绝对误差四个评估指标。

给定一个目标用户 $u \in U$ 和一个时刻 $t \in T$，令 $T_{u,t}$ 表示测试集中用户 u 在时间槽 t 签到的真实兴趣点集合，其兴趣点数量为 $N_{u,t}$；$R_{u,t}@n$ 表示对用户 u 在时间槽 t 使用推荐算法产生的 top-n 推荐兴趣点集合，其兴趣点数量为 $N_{u,t}@n$；则同时在测试集 $T_{u,t}$ 和推荐结果集 $R_{u,t}@n$ 中的兴趣点，即 $T_{u,\,t} \cap R_{u,\,t}@n$ 表示推荐成功的结果，其数量为 $N_{u,\,t,\,r}@n$。

精度通常用来度量兴趣点推荐算法的准确性（查准率），定义为在推荐的地点中用户实际去过的兴趣点数量与推荐的兴趣点总数的比值，如式（3-14）所示。精度的值越大，表示推荐的准确性越高。

$$precision@n = \frac{\sum_{u \in U} \sum_{t \in T} (N_{u,\,t,\,r}@n)}{\sum_{u \in U} \sum_{t \in T} (N_{u,\,r}@n)} \tag{3-14}$$

召回率用来度量兴趣点推荐算法的全面性（查全率），定义为在推荐的地点中用户实际去过的兴趣点数量与测试集中的兴趣点总数的比值，如式（3-15）所示。召回率的值越大，表示查找越全面。

$$recall@n = \frac{\sum_{u \in U} \sum_{t \in T} (N_{u,\,t,\,r}@n)}{\sum_{u \in U} \sum_{t \in T} (N_{u,\,r}@n)} \tag{3-15}$$

F_β 指标是精度和召回率的加权调和平均值，用于综合评价算法性能，如式（3-16）所示。当 $\beta < 1$ 时，如设置 $\beta = 0.5$，即增加精度的权重值，表示精度和召回率相比，更强调精度的重要性[71]。当 $\beta = 1$ 时，表示精度和召回率同样重要。F_β 的值越大，表示推荐的综合性能越好。

$$F_\beta = (1 + \beta^2) \times \frac{precision \times recall}{\beta^2 \times precision + recall} \tag{3-16}$$

时间的平均绝对误差 MAE[83]用于测量推荐访问时间与用户实际访问时间之间的平均偏差。对于用户 u，$\tilde{t}_{l_i}$ 是由推荐算法生成的兴趣点 l_i 的推荐访问时间，t_{l_i} 是用户 u 访问位置 l_i 的实际时间。MAE 定义为所有用户的平均绝对误差，如式（3-17）和式（3-18）所示，MAE 的值越小，表示推荐时间的准确性越高。

$$MAE = \frac{1}{m} \sum_{j=1}^{m} MAE_{u_j} \tag{3-17}$$

$$MAE_{u_j} = \frac{1}{n} \sum_{i=1}^{n} |\tilde{t}_{l_i} - t_{l_i}| \qquad (3-18)$$

3.6.3 实验设置和对比的 POI 推荐方法

本章实验的硬件环境是 Intel Core i7 3.4GHz 中央处理器、8 GB RAM，软件环境是 Windows 10 64 bit 的操作系统、MyEclipse 6.5、MATLAB R2010a，算法编程采用的是 Java 语言。

在 Foursquare 和 Gowalla 数据集中，对每个用户的签到记录按照日期和时间升序排列后，选取前面 84% 的签到记录数据作为训练集，剩余 16% 的数据作为测试集进行兴趣点推荐算法的实验。还有一个重要的划分原则是，每个用户在测试集当中的兴趣点，必须是训练集当中没有签到记录的地点。这正体现出兴趣点推荐方法的本质特点，即为用户推荐他以前没有去过的地方。推荐未去过的地点具有更现实的意义，同时比推荐去过的地点更为复杂和困难，因此造成了 POI 推荐的精度、召回率等结果相对较低。

为了评价本章提出的基于时间特征和协同过滤的自适应 POI 推荐算法的性能，通过四组实验来评估 CTF-ARA 的性能，分别选取了多种典型兴趣点推荐算法进行实验对比和分析，对比的其他五个兴趣点推荐算法是 UCF、LRT、UTE、UTE+FSUA 和 GTAG-BP，具体的对比算法如表 3-3 所列。

表 3-3　对比的兴趣点推荐算法

POI 推荐算法	结合的因素	算法描述
UCF	用户签到	基于用户的协同过滤算法
LRT	时间	矩阵分解推荐算法
UTE	时间	结合时间平滑技术的协同过滤算法
UTE+FSUA	用户签到、时间	UTE 算法融入相似用户近邻选择机制（文献 [65]+ 第 3.4.1 节）

表 3-3（续）

POI 推荐算法	结合的因素	算法描述
GTAG-BP	时间、空间	基于时空因素感知图的广度优先偏好传播算法
CTF-ARA	时间、用户相似性	基于时间特征和协同过滤的自适应 POI 推荐算法

3.6.4　签到行为活跃用户的实验结果和分析

本组实验针对 Foursquare 和 Gowalla 中的签到行为具有活跃特征一类的用户，运行不同的 POI 推荐算法，得到 top-5、top-10 和 top-20 的推荐结果。图 3-8 给出对一个用户 USER_1014 的 top-5 推荐结果实例。

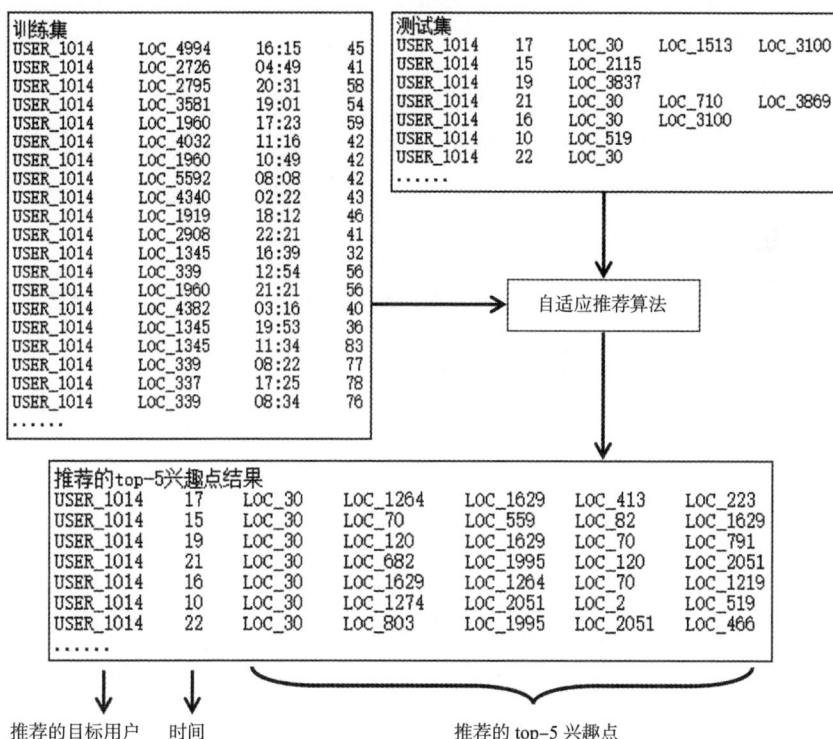

图 3-8　对用户 USER_1014 的 top-5 推荐结果实例

图 3-9 分别给出两个 LBSNs 数据集上六个算法的精度和召回率。从实验对比图中可以得出如下结果。

（1）在 Foursquare 和 Gowalla 两个 LBSNs 数据集上，CTF-ARA 算法对活跃类别的用户推荐性能，即精度和召回率均优于 UCF、LRT、UTE、UTE+FSUA 和 GTAG-BP 算法。具体如图 3-9（a）和（b）所示为在 Foursquare 数据集上的精度和召回率结果，CTF-ARA 算法的 top-5 精度达到了最高值 3.74%，与相同条件的 UCF、LRT、UTE、UTE+FSUA 和 GTAG-BP 相比，分别提高了 69.57%、9.97%、4.15%、2.78% 和 2.35%；CTF-ARA 算法的 top-20 召回率达到了最高值 19.38%，比相同条件的 UCF、LRT、UTE、UTE+FSUA 和 GTAG-BP 算法分别提高了 58.83%、41.48%、5.18%、4.29% 和 2.19%。在图 3-9（c）和（d）的 Gowalla 数据集实验结果中，同样可以看出 CTF-ARA 算法的精度和召回率优于其他五个算法，其精度在 top-5 达到了最高值 3.68%，召回率在 top-20 达到了最高值 16.53%。分析原因，是由于 CTF-ARA 算法将时间信息特征、用户签到行为特征和相似用户近邻选择机制结合在一起，能够充分考虑签到特征活跃的用户在连续时间槽相似度的优势，以及对活跃用户进行相似用户近邻选择的处理，都能够提高推荐的性能。

（2）结合时间因素的算法（如 LRT、UTE、UTE+FSUA、GTAG-BP 和 CTF-ARA），优于未加入时间因素的基于用户协同过滤算法 UCF。如图 3-9 所示，UCF 算法的精度和召回率在两个数据集上都是最低值，而且明显低于其他算法。由此可见，时间信息对于兴趣点推荐是具有重要性作用的因素，结合用户签到的时间特征能更准确反映用户的偏好，从而提高结果的性能。

（3）UTE+FSUA 算法的推荐性能优于 UTE 算法，也就是在算法 UTE 中仅加入本章提出的相似用户近邻选择算法 FSUA，也可以提高推荐的精度和召回率。以 top-5 为例，在 Foursquare 和 Gowalla 上，UTE+FSUA 的精度分别比 UTE 提高了 1.33% 和 3.22%，召回率分别提高了 4.90% 和 16.73%。其原因是 UTE+FSUA 对活跃类用户进行了相似用户过滤处理，提高了用户的相似性，减少了不相似用户对推荐的影响，从而提高了 UTE+FSUA 的精度和召回率。因此说明，对签到行为活跃的用户，进行相似用户近邻选择是有必要的。

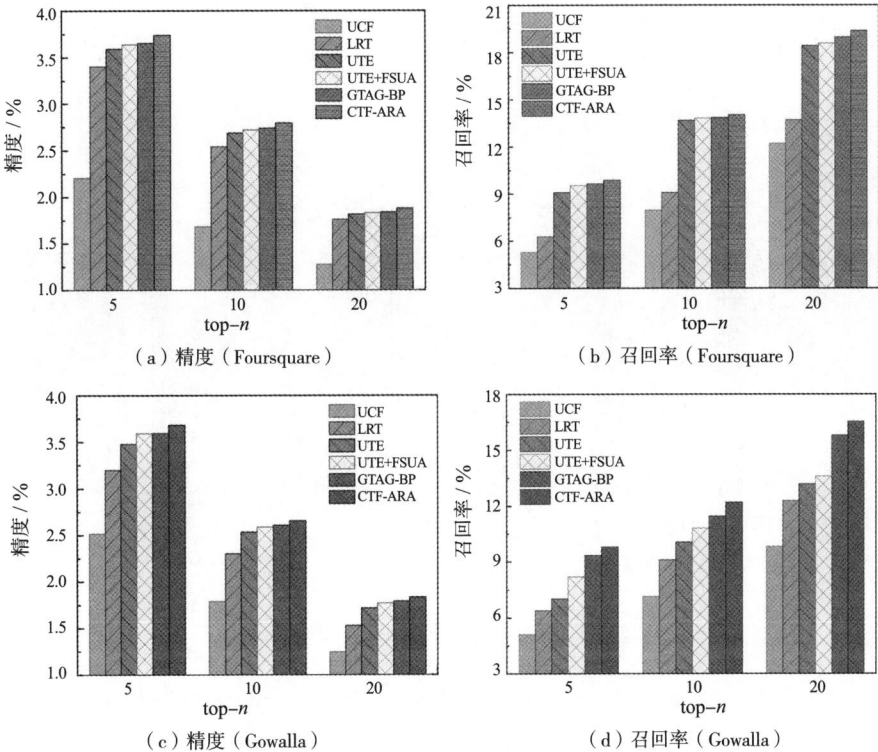

（a）精度（Foursquare）　　　　　（b）召回率（Foursquare）

（c）精度（Gowalla）　　　　　　（d）召回率（Gowalla）

图 3-9　算法对于活跃用户的推荐性能

3.6.5　签到行为不活跃用户的实验结果和分析

为了评估提出的 CTF-ARA 算法对于签到行为不活跃用户的推荐效果，本组实验针对 Foursquare 和 Gowalla 中的不活跃用户，运行 UCF、LRT、UTE、GTAG-BP 和 CTF-ARA 五个算法进行性能对比，得到推荐的精度和召回率结果，如图 3-10 所示。

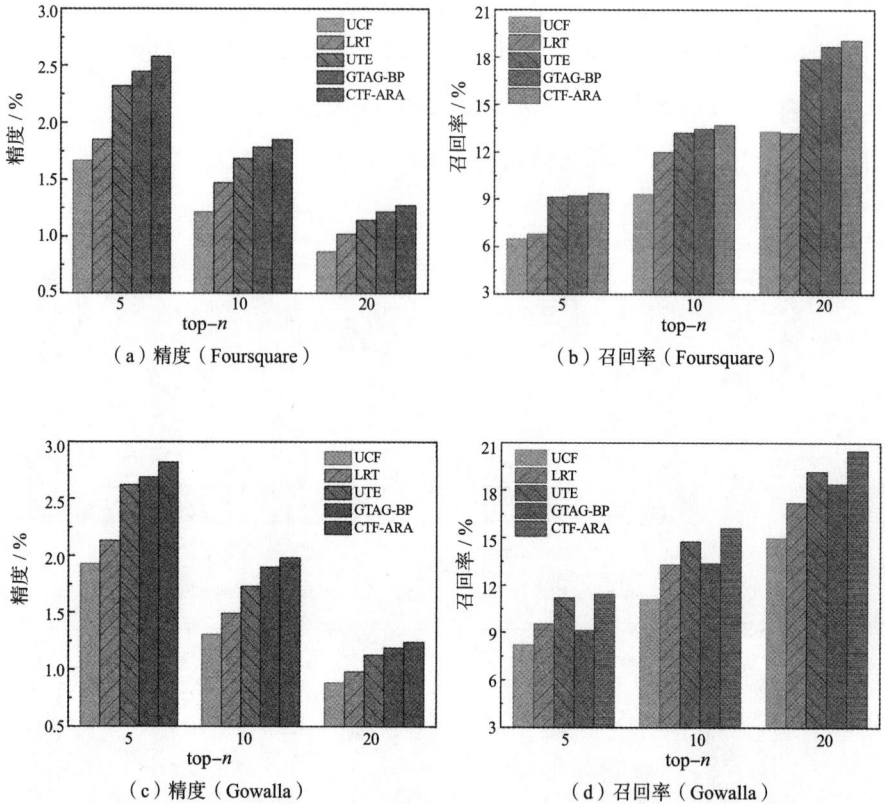

（a）精度（Foursquare）

（b）召回率（Foursquare）

（c）精度（Gowalla）

（d）召回率（Gowalla）

图 3-10　算法对于不活跃用户的推荐性能

从图 3-10（a）和（b）中可以看出，在 Foursquare 数据集中，CTF-ARA 算法的 top-5 精度为最高值 2.58%，分别比 UCF、LRT、UTE 和 GTAG-BP 提高了 54.96%、39.46%、11.25% 和 5.44%；CTF-ARA 算法的 top-20 召回率为最高值 19.07%，分别比 UCF、LRT、UTE 和 GTAG-BP 提高了 43.34%、44.47%、6.63% 和 2.09%。类似地，从图 3-10（c）和（d）中可以看出，在 Gowalla 数据集中，CTF-ARA 算法的 top-5 精度为最高值 2.82%，top-20 召回率为最高值 20.50%。上述结果说明，CTF-ARA 算法对于 Foursquare 和 Gowalla 中的不活跃类用户，推荐性能优于其他四个兴趣点推荐算法，原因是对于签到行为不活跃的用户，

CTF-ARA 采用基于所有时间槽平滑技术的用户相似度计算方法,增强了各个时间槽的相关性。

综合图 3-9 和图 3-10 的实验结果,能够得到如下结论。

(1)在 Foursquare 和 Gowalla 两个数据集中,在相同的 top-n 情况下,CTF-ARA 算法对于活跃用户的精度明显高于不活跃用户的精度,表明 CTF-ARA 算法对活跃用户更加有效,原因是活跃用户拥有大量的签到信息,因此在 CTF-ARA 算法中采用相似用户近邻选择和连续时间槽平滑技术,能够显著提高推荐精度。

(2)在 Foursquare 数据集中,CTF-ARA 算法对活跃用户的 top-n 召回率比不活跃用户的 top-n 召回率略高一点;然而,在 Gowalla 数据集中,不活跃用户的 top-n 召回率要高于活跃用户的相应 top-n 召回率。原因是两个数据集的数据都比较稀疏,特别是 Gowalla 比 Foursquare 更加稀疏,这会导致出现更多的不活跃用户和更少的活跃用户,而且不活跃用户比活跃用户的签到数据更为稀疏。

3.6.6　所有用户的实验结果和分析

本组实验针对 Foursquare 和 Gowalla 数据集的所有用户,分别采用六种 POI 推荐算法来进行整体性能评估。图 3-11 给出六种算法在 Foursquare 和 Gowalla 数据集上的 top-n 精度和召回率结果。如图 3-11 所示,在相同的情况下,CTF-ARA 算法的精度和召回率都达到最高值。以 Foursquare 数据集为例,CTF-ARA 算法的 top-5 精度与 UCF、LRT、UTE、UTE+FSUA 和 GTAG-BP 相比,分别提高了 66.58%、17.75%、10.77%、8.21% 和 5.65%;CTF-ARA 算法的 top-20 召回率分别提高了 49.40%、37.86%、5.14%、2.34% 和 1.86%。在 Gowalla 数据集中,CTF-ARA 算法的 top-5 精度分别比 UCF、LRT、UTE、UTE+FSUA 和 GTAG-BP 提高了 62.33%、33.27%、19.36%、3.12% 和 17.16%;CTF-ARA 算法的 top-5 召回率分别提高了 69.98%、35.60%、24.89%、2.48% 和 33.69%。

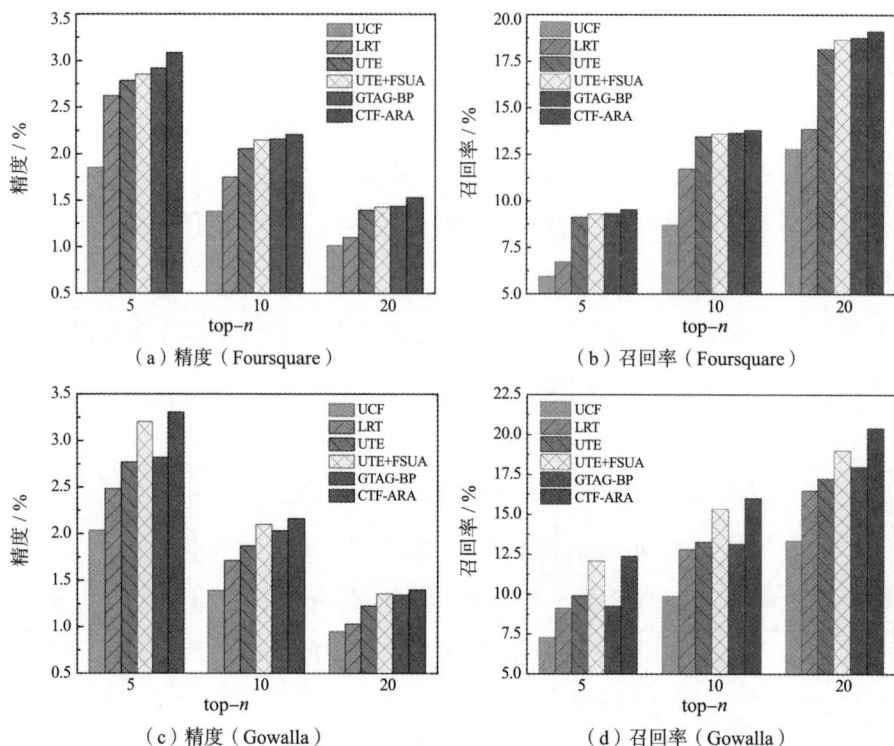

图 3-11　算法对所有用户的推荐性能

在精度和召回率的基础上，计算得到相应的 F_{β}（$\beta = 0.5$）指标值，如表 3-4 所列。根据表 3-4 的结果显示，CTF-ARA 算法的 F_{β} 指标值在六种算法中均是最高值。这些结果表明，CTF-ARA 算法在 Foursquare 和 Gowalla 两个数据集中都具有较好的推荐性能，因为算法能够根据用户自身签到行为的特点，自适应地采用最适合的策略进行兴趣点推荐。

表 3-4　两个数据集上的 F_{β} 指标（β=0.5）

数据集	指标	UCF	LRT	UTE	UTE+FSUA	GTAG-BP	CTF-ARA
Foursquare	top-5	0.0215	0.0298	0.0323	0.0331	0.0338	**0.0357**
	提高	66.05%	19.80%	10.53%	7.85%	5.62%	
	top-10	0.0166	0.0211	0.0247	0.0258	0.0259	**0.0265**
	提高	59.64%	25.59%	7.29%	2.71%	2.32%	
	top-20	0.0124	0.0135	0.0171	0.0175	0.0176	**0.0188**
	提高	51.61%	39.26%	9.94%	7.43%	6.82%	

表 3-4（续）

数据集	指标	UCF	LRT	UTE	UTE+FSUA	GTAG-BP	CTF-ARA
Gowalla	top-5	0.0238	0.0290	0.0324	0.0376	0.0328	**0.0387**
	提高	62.61%	33.45%	19.44%	2.93%	17.99%	
	top-10	0.0168	0.0207	0.0226	0.0254	0.0244	**0.0261**
	提高	55.36%	26.09%	15.49%	2.76%	6.97%	
	top-20	0.0116	0.0127	0.0150	0.0167	0.0165	**0.0172**
	提高	48.28%	35.43%	14.67%	2.99%	4.24%	

通过上面的三组实验，结果表明 CTF-ARA 在两个 LBSNs 数据集的 top-n 精度和召回率均取得最好的推荐结果。分析原因，是由于 CTF-ARA 结合了用户签到行为特征、时间特征和协同过滤机制，因此，大大提高了目标推荐用户的个性化和相关性，增强了时间因素在推荐中的影响作用，降低了不相关信息对推荐结果的影响，从而提高了 CTF-ARA 的精度和召回率。

3.6.7　算法运行时间的对比和分析

为了比较 UCF、LRT、UTE、GTAG-BP 和 CTF-ARA 五种 POI 推荐算法的执行时间消耗，在 Foursquare 和 Gowalla 两个数据集上用五种算法进行推荐的实验过程中，分别计算每种算法的运行时间。POI 推荐算法的运行时间主要包括两部分：用户相似度计算时间和预测推荐时间。针对每一种算法，在整个数据集上对所有用户进行 top-5 推荐实验，分别记录整体消耗的用户相似度计算时间和预测推荐时间，然后除以个数，计算求出平均用户相似度计算时间和平均预测推荐时间。表 3-5 列出了五种 POI 推荐算法的运行时间结果对比。需要说明的是，CTF-ARA 算法的用户相似度计算时间也包括选择相似用户的时间，在 Foursquare 和 Gowalla 数据集中选择相似用户所消耗的平均时间分别为 6 ms 和 7 ms。

如表 3-5 所列，CTF-ARA 算法在两个数据集上的平均用户相似度计算时间和平均预测推荐时间均小于 UCF、LRT、UTE 和 GTAG-BP 算法。

这是因为 UCF、LRT 和 UTE 算法针对所有用户和所有兴趣点进行计算和推荐，GTAG-BP 算法添加了地理因素。相比之下，CTF-ARA 算法通过相似用户过滤机制来进行相似用户选择，之后再利用相似用户访问的兴趣点来计算相似度，进而进行推荐，因此 CTF-ARA 算法的运行时间是五种 POI 推荐算法中最少的，算法执行效率最高。

表 3-5　五种 POI 推荐算法的运行时间对比　　单位：ms

算法	用户相似度计算的平均时间		预测推荐的平均时间	
	Foursquare	Gowalla	Foursquare	Gowalla
UCF	178	197	0.124	0.532
LRT	237	251	0.176	0.657
UTE	196	205	0.143	0.574
GTAG-BP	274	292	0.215	0.869
CTF-ARA	**151**	**165**	**0.113**	**0.516**

3.7　本章小结

本章通过对基于位置社交网络的历史签到数据的概率统计分析，挖掘出时间的可变性和相关性特征，以及用户之间的签到相似性特征。充分利用这些签到特征，对兴趣点推荐算法的性能提升具有重要作用。为此，提出了一种基于时间特征和用户协同过滤的自适应 POI 推荐算法 CTF-ARA。该算法采用基于阈值过滤的相似用户近邻选择机制来提高用户之间的相关性和紧密程度，同时解决协同过滤相似度计算量大的问题。采用融合时间平滑技术的用户相似度计算方法，在用户之间的关联中充分利用时间的可变性和相关性，解决了融合时间信息的用户协同过滤方法产生的数据稀疏问题。通过不同阈值过滤的相似用户近邻选择机制、不同时间槽长度的用户相似度计算方法及不同的兴趣点推荐策略，实现了针对相应不同签到特征用户的自适应性 POI 推荐。并且通过实验分析，分别对连续时间槽的长度和相似用户近邻选择的阈值因子值进行了设置。最后进行了实验与评价。在对实验的 LBSNs 数据集、评估指标、实验设置和对比的 POI 推荐算法进行描述后，从多组实验进行了实验和性能分析。在 Foursquare 和 Gowalla 数据集中的大量实验表明，本章提出的自适应兴趣点推荐方法在精度、召回率、F_β 指标和算法运行时间方面均优于对比的 POI 推荐方法，具有较好的推荐性能。

第 4 章 融合时空特征和概率模型的自适应 POI 推荐算法

针对空间概率模型推荐方式较单一，并且与用户签到时间偏好的关联较弱问题，本章在提取兴趣点时空特征和用户签到特征研究的基础上，提出一种联合时间感知—维幂律函数和二维高斯核密度估计概率模型的自适应兴趣点推荐方法。该方法将空间概率模型和时间因素、用户签到行为特征相结合，在增强时空关联的同时，实现对目标用户的自适应兴趣点推荐。

4.1 问题提出

地理空间信息在基于位置社交网络 LBSNs 的签到记录中，具体体现为现实世界真实地点的编号，以及该地点的经度和纬度坐标，这是兴趣点推荐最具特色也是区别其他推荐领域的重要信息。用户与兴趣点存在真实的物理联系，使得地理因素对 LBSNs 用户的访问和签到行为具有直接的影响，用户对兴趣点的选择往往受到地理位置的约束。因为在面临大量的兴趣点时，用户会考虑兴趣点所在的位置、距离远近、是否容易到达等实际地理情况，所以用户易于选择附近的兴趣点，而不是偏远的兴趣点。鉴于地理空间信息的重要性，学者对基于地理因素的兴趣点推荐的研究层出不穷。往往是利用 LBSNs 历史签到数据集，研究兴趣点地理信息中隐含的用户对地点的签到偏好、兴趣点的空间特征等，并加以利用来进行未访问的兴趣点推荐。综合基于地理空间的兴趣点推荐研究现状，总结出目前还存在如下两个问题。

（1）在利用空间影响的兴趣点推荐研究中，已有的 POI 推荐算法对所有用户只使用一种空间概率模型来描述签到地点的地理关系，如幂律分布模型、高斯分布模型或者非参数密度估计模型。既没有在空间模型中考虑时间因素的影响，导致在用户签到偏好建模中的空间和时间关联不够紧密；又没有考虑用户签到行为特征因素，导致对不同签到特征的用户缺乏适应性，降低了推荐精度和召回率。

（2）现有的兴趣点推荐算法对用户未签到的所有地点进行计算和推荐，未考虑对这些数量巨大的候选地点进行过滤处理，不仅计算量巨大，还会产生不相关兴趣点，降低推荐的准确性。

针对上述问题，在第 2 章工作的基础上，本章提出一种融合时空特征和空间概率模型的自适应 POI 推荐方法（APRA-SA），该方法能够根据用户签到行为的特征进行基于空间概率模型的自适应推荐。首先，在 LBSN 签到数据中，利用概率统计方法挖掘和分析相邻签到兴趣点的距离特征和基于时间因素的兴趣点流行度特征。然后，给出兴趣点流行度的计算方法，并建立基于时间因素的一维幂律函数概率模型和基于时间因素的二维高斯核密度估计概率模型。最后，提出一种针对不同签到行为特征用户的自适应兴趣点推荐算法，并且对算法中连续时间槽长度的参数取值进行实验讨论。

4.2　推荐流程及符号描述

本章需要解决的问题同样是自适应兴趣点推荐，与第 3 章不同的是，本章挖掘兴趣点空间和时间方面的特征，采用的技术方法是时间感知的空间概率模型。图 4–1 给出了融合时空特征和概率模型的自适应 POI 推荐流程。

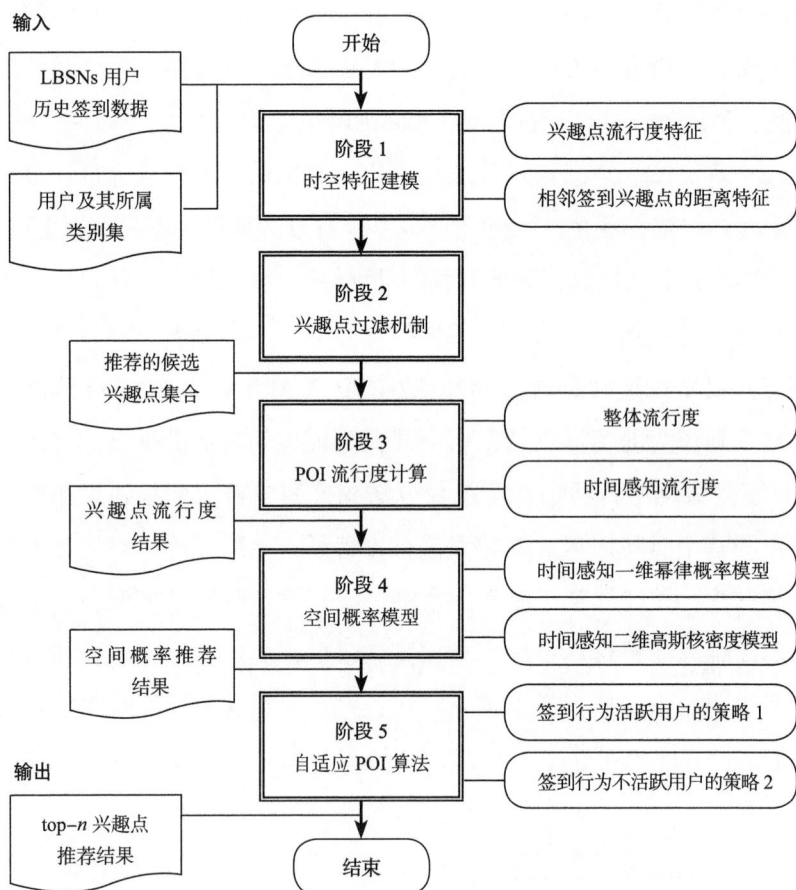

图 4–1　融合时空特征和概率模型的自适应 POI 推荐流程

输入的信息是 LBSNs 用户历史签到数据和用户及其所属类别集，经过 5 个阶段的处理，输出的是为用户进行推荐的 top-n 兴趣点结果。阶段 1 是对兴趣点时空的两方面特征建模，挖掘并分析 LBSNs 签到记录中的兴趣点流行度特征和相邻签到兴趣点的距离特征。阶段 2 是根据前面挖掘的相邻签到兴趣点距离特征，进行兴趣点过滤处理，得到为用户推荐的候选兴趣点。阶段 3 是依据兴趣点流行度特征，结合整体流行度和时间感知流行度两个方面，进行候选兴趣点的流行度计算。阶段 4 是针对不同签到行为特征的用户，提出适应用户的相应空间概率模型方法，并且在空间的时间感知一维幂律概率模型和时间感知二维高斯核密度估计模型中，充分考虑时间的因素。在上述研究的基础上，阶段 5 是融合时空特征和概率模型的自适应 POI 推荐算法设计，分别提出两种策略以满足签到行为活跃用户和不活跃用户的需求。

为了便于理解，给出本章用到的符号及其描述，如表 4-1 所列。

表 4-1　符号和描述

符　号	描　　述
d_{l_1, l_2}	两个兴趣点 l_1 和 l_2 之间的距离
CL_u	为用户 u 推荐的候选兴趣点集合
OP_l	兴趣点 l 的整体流行度
$CTP_{t, l}$	兴趣点 l 的连续时间槽流行度
$p_t(l)$	结合整体和时间感知的兴趣点 l 的流行度
$p_1(l \mid L_{u,t})$	基于时间因素的一维幂律函数的概率推荐值
$p_2(l \mid L_{u,t})$	基于时间因素的二维高斯核密度估计概率推荐值
$P_{u, t, l}$	用户 u 在时间 t 访问兴趣点 l 的推荐概率

4.3　兴趣点时空特征提取

4.3.1　兴趣点流行度特征

已有研究成果提出的流行度 [65] 仅仅通过用户签到记录总数量来衡量，而忽略了兴趣点流行度的时间特性。例如，饭店在一天中的早、中、晚用餐时间相对更受欢迎，电影院通常在下午或晚上很受欢迎。因此，本章的 POI 推荐算法中，在兴趣点的流行度中考虑了时间的因素。为了充分体现兴趣点在不同时间上的流行度特征，提出基于时间因素的兴趣点流行度，其含义是指在指定时间段内被用户访问的频率，定义如下。

定义 4.1（时间感知的兴趣点流行度） 兴趣点 $l \in L$ 在时间槽 $t \in T$ 的流行度 $TP_{t,l}$ 定义为，在 t 时间槽签到兴趣点 l 的次数与在所有时间槽总共签到兴趣点 l 次数的比值，如式（4–1）所示。

$$TP_{t,\,l} = \frac{\sum\limits_{u \in U} num_{u,\,t,\,l}}{\sum\limits_{u' \in U} \sum\limits_{t' \in T} num_{u',\,t',\,l}} \tag{4–1}$$

为了提取兴趣点的基于时间流行度特性，对 Foursquare 数据集上签到次数最多的前 5 名兴趣点，进行计算各自的基于时间流行度 TP 值，结果如图 4–2 所示。从图 4–2 可以看出，从一天的 0 时到 23 时，每个时间槽的流行度都存在显著差异。从另一角度，对 Foursquare 数据集签到最多的前五名 top-5 兴趣点，分别统计各自的总签到次数和相应签到该地点的用户数量，结果如图 4–3 所示。从图 4–3 中可以看出，利用 LBSNs 用户群体智慧效应，签到次数多，即受欢迎的地点通常会吸引更多的用户关注、访问和签到。

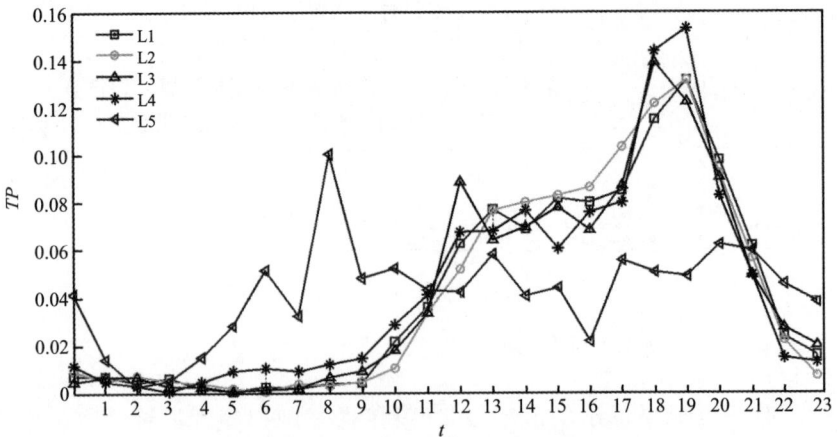

图 4–2 top–5 兴趣点的时间槽流行度

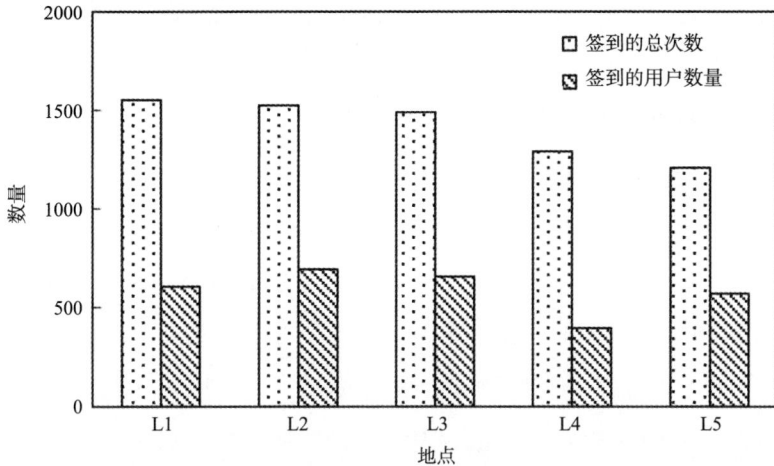

图 4-3　top-5 兴趣点的签到总次数和签到用户数量

上述结果表明，兴趣点的流行不仅跟时间变化的签到次数有关系，还与签到总数有关。因此，在本章提出的推荐算法中，将同时使用时间槽的签到次数和签到总数来衡量兴趣点流行度。

4.3.2　相邻签到兴趣点的距离特征

在已有基于地理影响的兴趣点推荐研究[64]中，通过分析用户的历史签到数据和位置的经纬度分布，发现用户签到的兴趣点位置集中在一些区域，呈集群状分布。造成这一现象的原因是，用户更倾向访问附近的兴趣点，符合 Tobler 的地理第一定律的描述。文献 [19] 也阐述了距离相近的兴趣点有很强的相关性，用户在访问时更加倾向于距离其较近的兴趣点。例如，在推荐的饭店列表中，由于时间和距离关系，用户更愿意选择前往距离当前位置较近的饭店。为了进一步研究用户签到的距离特征，本节首先给出用户相邻签到的定义和相邻签到兴趣点的距离的定义，然后基于 LBSNs 历史签到数据集，研究和分析相邻签到兴趣点的距离特征，从而加以利用来提高兴趣点推荐的性能。

定义 4.2（用户的相邻签到） 令 LBSN 中的一个用户 $u \in U$，其签到的记录集合表示为 $C = <u, l_i, Lon_i, Lat_i, time_i, date_i>$，按照日期 $date$ 进行升序排序，再按照 $time$ 进行升序排序，得到用户 u 签到的记录序列 $C = \{c_1, c_2, \cdots, c_n\}$，则每两条记录定义为相邻的签到。

利用相邻签到兴趣点的经度（longitude）和纬度（latitude）信息，计算两个地点之间的地理距离。以 Foursquare 数据集为例，签到的地点均在新加坡，其中一个兴趣点及其纬度和经度为 LOC_5164=（1.285826，103.851287）；Gowalla 数据集中，用户签到的地点均在美国加利福尼亚州，其中一个兴趣点及其纬度和经度为 LOC_13039=（37.7854359476，−122.4039494991）。经度是正数表示东经，是负数表示西经，在数据集中给出的经纬度都是角度的表示方法，并且两个数据集收集的兴趣点都在北半球，不需要对纬度做处理。因此，给出以下相邻签到兴趣点的距离的定义及公式。

定义 4.3（相邻签到兴趣点的距离） 令用户 $u \in U$ 的相邻两次签到的兴趣点及各自的经纬度坐标是 $l_1 = \{Lon_1, Lat_1\}$ 和 $l_2 = \{Lon_2, Lat_2\}$，则这两个兴趣点之间的距离定义为 d_{l_1, l_2}，如式（4–2）所示，其中 R=6371 km，表示地球的平均半径；Pi=3.14，为圆周率。

$$d_{l_1, l_2} = \frac{R \times \arccos(C) \times Pi}{180} \tag{4-2}$$

$$C = \sin Lat_1 \times \sin Lat_2 + \cos Lat_1 \times \cos Lat_2 \times \cos(Lon_2 - Lon_1) \tag{4-3}$$

在 Foursquare 和 Gowalla 两个数据集中，分别对每个用户的相邻签到兴趣点距离进行计算，然后统计所有用户的距离分布，得到如图 4–4 所示的相邻签到兴趣点距离分布的概率。从图 4–4 可以看出，总体的趋势是随着兴趣点之间距离的增加，用户访问并签到的概率减小。具体的，在 Foursquare 和 Gowalla 两个数据集中，签到 5 km 以内兴趣点的概率都超过 40%，而在 10 km 以内兴趣点签到的概率分别降到 17% 和 8%，20 km 以内签到的概率为 17% 和 8%。结果表明，相邻签到兴趣点具有距离越近，签到概率越大的特征。因此，利用这一地理特征，本章在兴趣点推荐算法中加入兴趣点过滤机制。已有的研究中，Yang 等 [147] 提出了基于位置内容感知的 POI 推荐，利用用户评论文本信息中呈现的用户感兴趣的地点属性，对兴趣点进行过滤。与此不同，本章的兴趣点过滤机制是以用户签到地点的距离为依据，为用户选择地理邻近的兴趣点作为推荐的候选兴趣点，而不是所有 LBSN 中的兴趣点，从而增强地理相关性，提高推荐的效率和性能。此外，通过以上统计和分析得出，绝大多数用户在 20 km 以内的兴趣点进行访问、签到，因此设置兴趣点过滤的距离阈值为 20 km。

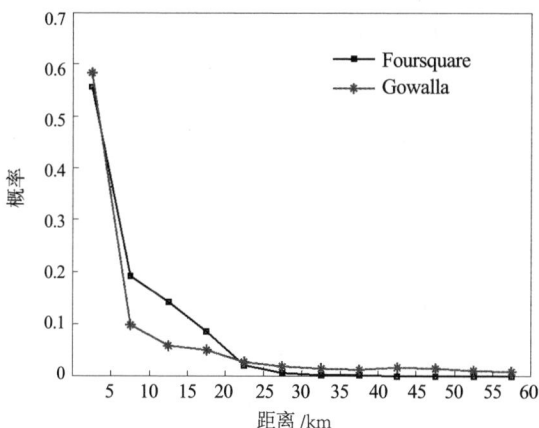

图 4-4　相邻签到兴趣点距离分布的概率

使用欧几里得距离的原因是基于 Tobler 的地理第一定律 [63]："任何事物都是与其他事物相关的，只不过相近的事物关联更紧密。"此外，地理影响主要基于用户签到数据进行建模，其中签到记录仅仅包含位置的经度和纬度。因此，在兴趣的推荐算法中不考虑其他实际的地理因素，如兴趣点位置之间的实际地图情况、实际路线的选择、地铁路线信息等。

4.4 融合时空特征和概率模型的自适应 POI 推荐算法

本节根据用户的签到行为特征和时空特征，设计了一种地理空间概率模型的自适应兴趣点推荐算法，在指定的时间内为目标用户推荐感兴趣的 POI，适应性体现在对不同签到行为特征的用户使用不同的推荐策略。具体来说，提出时间感知的二维高斯核密度估计概率模型，该策略适用于签到行为活跃的用户；提出时间感知的一维幂律函数概率模型，该策略适用于签到行为不活跃的用户。

针对签到行为不活跃的用户采用一维幂律函数概率模型、签到行为活跃的用户采用二维高斯核密度估计概率模型，具体原因如下。

（1）一维幂律函数是一种利用地点距离的参数估计方法，需要利用历史签到数据作为先验知识，并且假设用户签到的地点是相互独立的。对于签到记录较少的不活跃用户，适合使用其签到的所有地点作为参考点，既能全面体现用户签到的行为特征，又能体现签到地点之间的距离关系。如果对签到记录较多的活跃用户使用一维幂律函数方法，由于其具有大量丰富的签到记录和地点，较难选出体现用户签到特征的参考点，即使把所有签到地点作为先验知识，也会产生弱化用户的签到地点特征和计算量增大的问题。因此，对签到不活跃的用户适合采用一维幂律函数模型。

（2）从幂律函数自身的特征角度来说，标度不变性是一个很重要的特征，其含义是在复杂网络上任选一局部，由于其自相似性，局部网络的形态、规律、功能均与原网络不会发生变化。观察不同尺度的样本，对应的只是系数上有差别，函数性质不变。对于不活跃的 LBSNs 用户，在其访问的所有地点中，只进行少量的签到行为。因此，对用户签到过的地点采用幂律函数进行概率分析，能够代表用户的整体访问地点的特征关系。

（3）二维高斯核密度估计是一种利用空间地理经纬度的非参数估计方法，无须利用历史签到数据分布的先验知识，对用户签到数据分布不附加任何假定，能够完全根据用户签到数据样本自身蕴含的特点和性质，来拟合签到地点的分布特征。在大样本的用户签到地点数据的情况下，核函数比较稳定，对推荐结果几乎没有影响。因此，二维高斯核密度估计模型适用于活跃用户。

4.4.1　基于整体和时间感知的兴趣点流行度计算

在基于位置社交网络中，用户对兴趣点的欢迎程度可以描述为兴趣点的流行度，这是兴趣点推荐的影响因素之一。例如，用户倾向于在吃饭的时间去大众喜欢的餐厅。因此，为了全面利用兴趣点的流行度信息，基于第 4.3.1 节的特征分析结果，把兴趣点的整体流行度和时间感知的流行度两部分因素相结合，共同计算得出兴趣点的流行度。

定义 4.4（兴趣点的整体流行度）　对于基于位置社交网络中的一个兴趣点 $l \in L$，其整体的流行度 OP_l 定义为所有用户访问该兴趣点 l 的签到记录数与总签到记录数的比值，如式（4-4）所示。

$$OP_l = \frac{\sum\limits_{u \in U} num_{u, l}}{\sum\limits_{u' \in U} \sum\limits_{l' \in L} num_{u', l'}} \qquad （4\text{-}4）$$

在时间感知的流行度中，为用户在 t 时刻做兴趣点推荐，如果只使用一个目标时刻 t 的流行度，那么按 24 个小时划分签到数据，将会导致数据更加稀疏。此外，一个时间槽并不能完全反映兴趣点的流行度，因为用户可能在相邻的时间段内进行访问和签到行为。例如，用户在 11 点到 13 点之间去餐馆吃午饭的概率较大。因此，采用连续时间槽的平滑技术来计算时间感知的流行度，定义如下。

定义 4.5（基于连续时间槽的兴趣点流行度） 给定兴趣点 $l \in L$ 和目标推荐的时间槽 $t \in T$，兴趣点 l 在时间槽 t 情况下的连续时间槽流行度 $CTP_{t, l}$，定义为所有用户在扩展的相邻时间槽 t' 内访问 l 的签到记录数与所有时刻访问 l 的总签到记录数的比值，如式（4-5）所示。

$$CTP_{t, l} = \frac{\sum\limits_{t'=t-z}^{t+z} num_{t', l}}{\sum\limits_{l' \in L} \sum\limits_{t'=t-z}^{t+z} num_{t', l'}} \qquad (4-5)$$

其中，t' 表示基于目标时刻 t 的连续时间槽，即把 t 时刻同时向前和向后扩 z 个时间槽，$t'=[t-z, t+z]$。如果 $t' > 23$，则 $t'=t'-24$；如果 $t' < 0$，则 $t'=t'+24$。

把整体流行度和时间感知流行度结合到一起，给出兴趣点 l 在 t 时间槽下的流行度计算方法，如式（4-6）所示。

$$p_t(l) = OP + CTP_{t, l} \qquad (4-6)$$

4.4.2 时间感知的一维幂律函数概率模型

在 LBSNs 中，签到行为不活跃的用户与签到活跃的用户相比，具有非常少的签到记录，因此很容易选取用户去过的兴趣点作为参照地点，兴趣点之间的距离就显得更为重要。针对签到行为具有不活跃特征的用户，充分利用其有限的所有签到记录，采用用户去过的历史兴趣点和候选兴趣点之间距离的一维幂律函数模型，同时结合时间因素来计算候选兴趣点的推荐概率值。假设签到的地点是相互独立的，并使用用户去过的兴趣点集合 L_u 中的历史位置和候选兴趣点 l 之间的距离作为概率值进行推荐。

定义 4.6（时间感知的一维幂律函数概率） 令 $l \in L-L_u$ 是用户 $u \in U$ 的候选兴趣点，$L_{u, t}$ 是用户 u 在时间槽 $t \in T$ 签到过的兴趣点集合，根据贝叶斯条件概率规则，用户 u 在时间槽 t 签到候选兴趣点 l 的概率 $p_1(l \mid L_{u, t})$ 如式（4–7）所示。

$$
\begin{aligned}
p_1(l \mid L_{u, t}) &= \frac{p_1(l \cup L_{u, t})}{p_1(L_{u, t})} \\
&= \frac{p_1(L_{u, t}) \times \prod_{l_i \in L_{u, t}} p(l \mid l_i)}{p_1(L_{u, t})} \\
&= \prod_{l_i \in L_{u, t}} p(l \mid l_i)
\end{aligned}
\qquad （4\text{–}7）
$$

其中，把用户 u 之前签到的兴趣点 $l_i \in L_{u, t}$ 当作参考点，$p(l \mid l_i)$ 表示基于参考点位置 l_i 的情况下，用户在候选兴趣点 l 签到的条件概率值，如式（4–8）所示，可见用户签到地点 l 的概率与距离成反比关系。

$$
p(l \mid l_i) = \frac{p(d_{l_i, l})}{\sum\limits_{l_j \in L, i \neq j} p(d_{l_i, l_j})}
\qquad （4\text{–}8）
$$

$$
p(d_{l_i, l}) = \alpha \times (d_{l_i, l})^{\beta}
\qquad （4\text{–}9）
$$

其中，$p(d_{l_i, l})$ 利用了基于距离的一维幂律函数，$d_{l_i, l}$ 是兴趣点 l_i 和 l 之间的欧氏距离，通过式（4–2）和式（4–3）计算得到。α 和 β 是幂律函数的两个参数，它们的值由最大似然估计得到。具体来说，对式（4–9）两边取对数，得到如下线性方程：

$$
\ln(p(d_{l_i, l})) = \ln(\alpha) + \beta \ln(d_{l_i, l})
\qquad （4\text{–}10）
$$

采用线性曲线拟合方法来实现回归，令 $y = \ln(p(d_{l_i, l}))$，$x = \ln(d_{l_i, l})$，$\omega_1 = \ln(\alpha)$，$\omega_2 = \beta$，这里 ω_1 和 ω_2 是线性系数，共同表示为 ω，得到式（4–11）：

$$y(x, \omega) = \omega_1 + \omega_2 \cdot x \tag{4-11}$$

模型可以用 ω 的形式进行学习，为了避免过度拟合，采用最小二乘法回归来逼近权系数，并添加一个正则化项，以防止权系数在式（4-12）中越来越大。

$$E(\omega) = \frac{1}{2} \sum_{n=1}^{N} \{y(x_n, \omega) - \tilde{x}_n\}^2 + \frac{\lambda}{2} \|\omega\|^2 \tag{4-12}$$

其中，$E(\omega)$ 表示损失函数，N 是输入数据的数量，$\tilde{x}_n$ 是 x_n 对应的真实值，λ 是正则化项。则在损失函数最小化时设置的 α 和 β 值是最优结果，如式（4-13）所示。

$$opt\{\alpha, \beta\} = \arg\min_{\alpha, \beta} E(\omega) \tag{4-13}$$

4.4.3 时间感知的二维高斯核密度估计概率模型

二维高斯核密度估计是一种利用空间地理经纬度进行非参数估计的模型，通过学习用户的历史签到位置来估计未知的概率分布。其优点是不需要知道用户的参考位置或当前位置来计算距离，也不需要提前规定统一的计算函数。二维高斯核密度估计方法能够学习一个用户自身的签到分布，在此基础上进行推荐，体现了用户的个性化签到行为特征；而且在大样本数据的情况下，核函数对推荐结果几乎没有影响。因此，为了充分利用用户的大量签到记录和兴趣点的经纬度信息，针对签到行为具有活跃特征的用户，采用基于时间因素的二维高斯核密度估计方法来计算兴趣点的推荐概率值。

定义 4.7（时间感知的二维高斯核密度估计概率） 令 $u \in U$ 是 LBSN 中的一个用户，$L_{u, t}$ 是该用户在时间槽 $t \in T$ 签到过的兴趣点集合，$|L_{u, t}|$ 是该用户在时间槽 t 签到地点的总数，兴趣点 l 的经度和纬度坐标表示为

$\hat{l}=(Lat, Lon)^{\mathrm{T}}$。那么对于用户 u 没有访问过的候选兴趣点 $l \in L - L_u$，采用基于时间的二维高斯核密度估计模型方法，计算的推荐概率值 $p_2(l \mid L_{u,\ t})$ 如式（4-14）所示。

$$p_2(l \mid L_{u,\ t}) = \frac{1}{|L_{u,\ t}| H^2} \sum_{i=1}^{|L_{u,\ t}|} K\left(\frac{\hat{l} - \hat{l}_i}{H}\right) \qquad (4\text{-}14)$$

其中，$K(\cdot)$ 是标准的高斯核函数，如式（4-15）所示。

$$K(X) = \frac{1}{2\pi} e^{-\frac{1}{2} x^{\mathrm{T}} x} \qquad (4\text{-}15)$$

H 是平滑因子，也就是高斯核函数的带宽，通过以下公式推导计算得到。其中，式（4-16）用于计算用户 u 所有已经签到位置 L_u 的经度坐标和纬度坐标的均值 $\hat{u}$，式（4-17）用于计算用户 u 历史签到位置经度坐标和纬度坐标的方差 $\hat{h}$，最后通过式（4-18）计算得到高斯核函数的最优带宽 H。

$$\hat{u} = \frac{1}{|L_u|} \sum_{i=1}^{|L_u|} \hat{l}_i \qquad (4\text{-}16)$$

$$\hat{h} = \frac{1}{|L_u|} \sum_{i=1}^{|L_u|} (\hat{l}_i - \hat{u})^2 \qquad (4\text{-}17)$$

$$H = \frac{1}{2} |L_u|^{-\frac{2}{3}} \sqrt{\hat{h}^{\mathrm{T}} \hat{h}} \qquad (4\text{-}18)$$

4.4.4　融合时空特征和概率模型的自适应 POI 推荐算法

在第 2 章用户签到行为特征和用户聚类的基础上，结合兴趣点的时空特征和地理概率模型，提出一种适应用户签到行为活跃特征的 POI 推荐算法，简称为 APRA-SA。通过对签到行为不活跃的用户采用结合时间的一维幂律函数概率模型，对签到行为活跃的用户采用结合时间的二维高斯核密度估计概率模型，来实现 APRA-SA 算法对不同特征用户的自适应性。APRA-SA 算法的核心思想如下。

首先，基于第 4.3.2 节的分析，对 LBSN 中用户 u 未访问过的兴趣点 $L-L_u$ 进行过滤处理。以用户 u 的所有签到地点 L_u 为依据，向外围扩展 20 km（对应到经纬度值是 0.18），该范围内的地点设定成给用户 u 进行推荐的候选兴趣点。具体过程是求出用户 u 签到过的地点 L_u 中的最大和最小经纬度值，然后相应地对最大经纬度值加上 0.18，对最小经纬度值减去 0.18，把 $L-L_u$ 中属于该范围的地点加入到用户 u 的候选兴趣点集合 CL_u 中。

然后，对每一个候选兴趣点 $l \in CL_u$，分别计算其整体流行度值 OP_l 和时间感知流行度值 $CTP_{t,l}$，相加后得到兴趣点 l 的最终流行度结果 $p_t(l)$，用来作为进行推荐的一个因子。

最后，为目标用户 u 进行特定时间 t 的兴趣点推荐，根据用户的签到行为特征进行下面两种推荐策略的选择。

策略 1：针对签到行为活跃一类的用户，计算时间感知的二维高斯核密度估计概率推荐值 $p_2(l|L_{u,t})$，并结合兴趣点流行度，计算得出用户 u 在 t 时间签到候选位置 l 的推荐概率值 $P_{u,t,l}$，如式（4-19）所示。

$$P_{u,t,l} = p_t(l) \cdot p_2(l|L_{u,t}) \qquad （4-19）$$

策略 2：针对签到行为不活跃一类的用户，计算时间感知的一维幂律函数概率推荐值 $p_1(l|L_{u,t})$，并结合兴趣点流行度，计算得出用户 u 在 t 时间签到候选位置 l 的推荐概率值 $P_{u,t,l}$，如式（4-20）所示。

$$P_{u,t,l} = p_t(l) \cdot p_1(l|L_{u,t}) \qquad （4-20）$$

基于上述分析，给出融合时空特征和概率模型的自适应兴趣点推荐算法 APRA-SA 的具体描述（算法 4–1）。

算法 4–1　APRA-SA

输入：UC_{all}：用户签到数据集；

　　　$UCluster$：用户及其所属类别集合；

　　　u：目标用户；

　　　t：推荐的时间槽；

输出：推荐的 top–n 兴趣点集合

Begin

（01）for i=1 to $|UC_{all}|$ do

（02）　　if u_i=u then

（03）　　　add l_i to L_u;

（04）end if

（05）end for

（06）for each $Lon_i \in L_u$ and $Lat_i \in L_u$ do

（07）　　//Obtain the maximum and minimum values of longitude and latitude in L_u

（08）　　if Lon_{min}>Lon_i then Lon_{min}=Lon_i else Lon_{max}=Lon_i;

（09）　　if Lat_{min}>Lat_i then Lat_{min}=Lat_i else Lat_{max}=Lat_i;

（10）end for

（11）for each $l_i \in L-L_u$ do

（12）　　if（$Lon_i \geqslant Lon_{min}$–0.18 and $Lon_i \leqslant Lon_{max}$+0.18）and（$Lat_i \geqslant Lat_{min}$–0.18 and $Lat_i \leqslant Lat_{max}$+0.18）then

（13）　　　add l_i to CL_u;

（14）　　end if

（15）end for

（16）for each $l \in CL_u$ and $t' \in [t-z,\ t+z]$ do

（17）　　　compute OP_l using Eq.(4-4)；

（18）　　　compute $CTP_{t, l}$ using Eq.(4-5)；

（19）　　　$p_t(l) \leftarrow OP_l + CTP_{t, l}$；

（20）end for

（21）if $u \in UCluster$ is an active user then 　　　　　　// 策略 1

（22）　　compute $\hat{u}$ using Eq.(4-16)；

（23）　　compute $\hat{h}$ using Eq.(4-17)；

（24）　　compute H using Eq.(4-18)；

（25）　　for each $l \in CL_u$ do

（26）　　　$y \leftarrow 0$；

（27）　　　for each $l_i \in L_u$ do

（28）　　　　$y \leftarrow y + \exp(-(\hat{l} - \hat{l}_i)^T \times (\hat{l} - \hat{l}_i)/(2H^2))$；

（29）　　　end for

（30）　　　$p_2(l|L_{u, t}) \leftarrow y/(2\pi \times |L_{u, t}| \times H)$；

（31）　　　$p_{u, t, l} \leftarrow p_t(l)p_2(l|L_{u, t})$；

（32）　　end for

（33）else 　　　　　　　　　　　　　　　　　　　　// 策略 2

（34）　　for each $l_i \in CL_u$ do

（35）　　　$y \leftarrow 1$；

（36）　　　for each $l_i \in L_u$ do

（37）　　　　compute $p(l|l_i)$ using Eq.(4-8)；

（38）　　　　$y \leftarrow y \times p(l|l_i)$；

（39）　　　end for

（40）　　　$p_1(l|L_{u, t}) \leftarrow y$；

（41）　　　$p_{u, t, l} \leftarrow p_t(l)p_1(l|L_{u, t})$；

（42）　　end for

（43）end if

（44）sort$(p_{u, t, l})$；

（45）return top-n POIs；

End

算法 4-1 包括四部分，第一部分是取出用户 u 签到过的地点集合 L_u（第 1~5 行），求出 L_u 中地点的最大经纬度值和最小经纬度值（第 6~10 行），并进行兴趣点过滤，得到用户 u 的推荐候选兴趣点集合 CL_u（第 11~15 行）；第二部分是计算候选兴趣点的流行度值（第 16~20 行）；第三部分是空间概率模型，针对签到行为具有活跃特征的用户，计算时间感知的二维高斯核密度估计概率值，并综合流行度计算最终的推荐概率值（第 21~32 行），针对签到行为不活跃的用户，计算时间感知的一维幂律函数概率值，并结合流行度计算最终的推荐概率值 $p_{u,\,t,\,l}$（第 33~43 行）；第四部分是对候选兴趣点的推荐概率值进行降序排序，给用户推荐概率值大的 top–n 个兴趣点（第 44~45 行）。

下面进行 APRA-SA 算法的时间复杂度分析。APRA-SA 对不活跃用户使用一维幂律函数或对活跃用户使用二维高斯核密度估计进行推荐，其复杂度为 $o(|L_u|+|L_u|+(|L|-|L_u|)\times|L|)$ 或 $o(2\times|L_u|+(|L|-|L_u|)\times|L_u|\times|L|)$。APRA-SA 的总时间复杂度为 $o(2\times|L_u|+(|L|-|L_u|)\times|L_u|\times|L|)$。

4.5　连续时间槽长度参数的确定

在提出的自适应算法 APRA-SA 中，参数 z 用于计算兴趣点的连续时间槽流行度，如式（4-5）所示。z 表示时间槽 t 与相邻时间槽 t' 之间时间差的绝对值，即把目标时间 t 向前和向后增加 z 个连续时间槽，因此一共使用 $(2\times z+1)$ 个连续时间槽的平滑技术来计算兴趣点的流行度。在POI 推荐算法中，采用合理的连续时间槽能够降低其他时间槽产生的噪声影响，更好体现兴趣点在时间上的流行度特征，从而提高推荐方法的性能。因此，为了选择最佳的连续时间槽长度，在 Foursquare 数据集上评估了不同 z 值对 APRA-SA 算法推荐精度和召回率的影响，结果如图 4-5 所示。其中，z 值在 0 到 11 之间变化，对应延长的平滑时间槽从一

个目标时刻 t 变化为一天中的所有 24 小时。

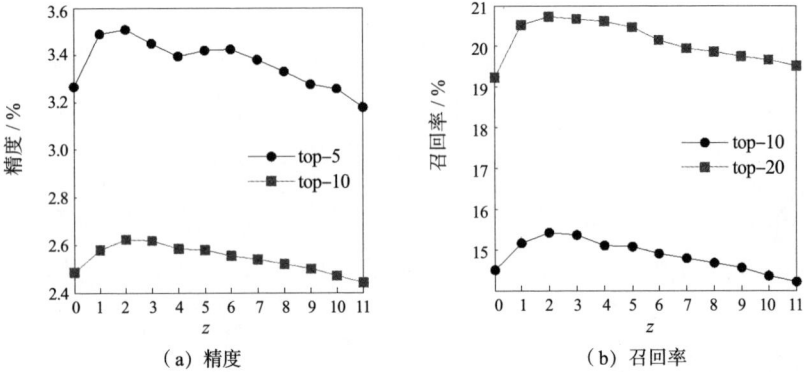

(a) 精度　　　　　　　　　　　(b) 召回率

图 4-5　参数 z 对 Foursquare 推荐性能的影响

图 4-5 显示了 Foursquare 数据集上各个 z 值对应的 APRA-SA 算法的 top-n 精度和召回率。从图 4-5 可以看出，随着 z 值的增加，即时间槽的扩增，精度和召回率首先呈上升的趋势，当 z=2 时达到了最佳精度和召回率，之后随着 z 值的增加而下降。具体来说，APRA-SA 算法使用连续五个时间槽（z=2）与仅仅使用一个目标时间槽（z=0）相比，top-5 精度和 top-20 召回率分别提高了 7.38% 和 7.72%。分析原因，用户更愿意在相邻的时间段内去访问相关的兴趣点，相隔的时间越久，相关性越小，访问的概率越低。基于以上实验结果和分析，在计算兴趣点流行度时，设置参数 z=2，也就是以目标时刻 t 为中心，扩展到连续的 $[t-2, t+2]$ 五个时间槽。

4.6　实验与评价

为了验证提出算法的有效性，把 LBSNs 兴趣点推荐领域中公认的 Foursquare 和 Gowalla 两个历史签到数据集作为实验数据来源，分别从推荐精度、召回率、F_β 指标方面，对提出的算法和多个经典 POI 推荐算法进行实验对比分析和性能评价，从而验证本章提出的自适应兴趣点推荐算法的有效性。

4.6.1　实验基本设置

本章实验采用的两个数据集是 Foursquare 和 Gowalla，实验设置和数据集划分与第 3 章的相同。评估指标包括推荐精度、召回率、F_β 指标。

4.6.2　对比的 POI 推荐方法

为了评价本章提出的基于时空特征和概率模型的自适应 POI 推荐算法 APRA-SA 的性能，通过四组实验来进行性能评估，对比的其他五个兴趣点推荐算法是 SB、SK、UTE、GT-BNMF 和 TPR+UM，具体的对比算法如表 4–2 所列。

表 4–2　对比的兴趣点推荐算法

POI 推荐算法	结合的因素	算法描述
SB	用户签到、空间、社交	空间的基本算法
SK	时间、空间、社交、类别	空间因素和核密度估计算法
UTE	时间	结合时间平滑技术的协同过滤算法
GT-BNMF	空间、文本信息	基于空间的贝叶斯非负矩阵分解算法
TPR+UM	时间、空间	利用时间感知和地理区域因素的用户移动性概率模型的 POI 推荐算法
APRA-SA	时间、空间	基于时空特征和概率模型的自适应 POI 推荐算法

4.6.3 结合流行度的一维和二维空间概率模型实验对比分析

本章提出的自适应 APRA-SA 算法中采用了两种策略，即对签到行为不活跃的用户和签到行为具有活跃特征的用户分别采用一维幂律函数、二维高斯核密度估计的概率模型方法，再结合兴趣点的流行度进行计算和推荐。为了对比空间的一维幂律函数概率模型方法和二维高斯核密度估计概率模型方法的推荐效果，使用 Foursquare 数据集中签到行为活跃的用户集合和不活跃的用户集合，分别进行推荐实验。

图 4-6 给出了 Foursquare 数据集上一维和二维两个模型对活跃用户和不活跃用户的 top-n（n=5，10，20）精度和召回率结果。从图 4-6 可以看出，对于签到行为不活跃的用户，使用一维幂律函数模型的 top-n 推荐精度和召回率高于二维高斯核密度估计模型相应的 top-n 精度和召回率；反之，对于签到行为活跃的用户，使用二维高斯核密度估计模型的推荐效果具有明显的优势。主要的原因是：一维幂律函数概率模型是基于兴趣点之间的距离，体现了兴趣点之间的地理直线距离，更适用于签到记录较少的不活跃用户；二维高斯核密度估计概率模型是基于兴趣点经度和纬度的空间关系，体现了兴趣点的空间分布特征，更适用于签到记录大量且丰富的活跃用户。实验结果表明了针对用户的不同签到行为特征，分别使用两种方法的有效性。

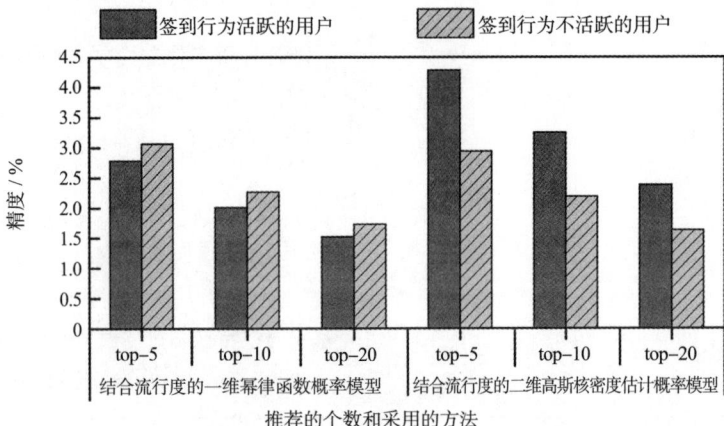

（a）精度

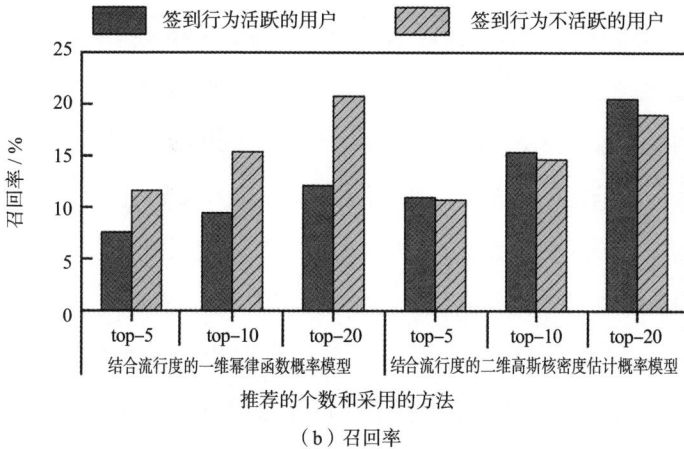

图 4-6　Foursquare 数据集上一维和二维模型的推荐性能对比

4.6.4　签到行为活跃用户的实验结果和分析

针对 Foursquare 和 Gowalla 数据集中的签到行为活跃的用户，利用第 2 章聚类结果中的活跃用户，分别运行 SB、SK、UTE、GT-BNMF、TPR+UM 和 APRA-SA 六种兴趣点推荐算法，并对推荐结果进行性能评估。根据划分的实验训练集和测试集，本组实验仍然采用原有的训练集，从测试集中选择活跃的用户记录作为本组实验的新测试集。

在 Foursquare 和 Gowalla 数据集上，六种兴趣点推荐算法对签到行为活跃用户的 top-n（n=5，10，20）精度和召回率如图 4-7 所示。从图 4-7 可以看出，APRA-SA 算法在两个数据集上的精度（查准率）和召回率（查全率）方面都优于基准算法。以图 4-7（a）中的 top-5 精度为例，APRA-SA 在 Foursquare 数据集上的精度为 4.28%，优于 SB（1.00%）、SK（3.26%）、UTE（3.59%）、GT-BNMF（3.11%）和 TPR+UM（4.12%）算法的 top-5 精度。如图 4-7（b）所示，APRA-SA 在 Foursquare 数据集上的 top-20 召回率是 20.53%，与 SB、SK、UTE、GT-BNMF 和

TPR+UM 相比，分别提高了 194.03%、25.65%、11.42%、34.20% 和 1.44%。如图 4-7（c）所示，APRA-SA 在 Gowalla 数据集上的 top-5 精度为 3.96%，比 SB 算法的 5 倍多，分别比 SK、UTE、GT-BNMF 和 TPR+UM 提高了 21.47%、13.80%、25.71% 和 10.61%。如图 4-7（d）所示，在 Gowalla 数据集上，APRA-SA 的 top-20 召回率是 20.80%，比 SB 算法的 4 倍多，与 SK、UTE、GT-BNMF 和 TPR+UM 相比，分别提高了 65.08%、57.71%、69.11% 和 10.05%。以上结果表明，对于签到活跃的用户，提出的 APRA-SA 算法优于其他基准算法。这是由于活跃用户的签到记录数量相对比较多，这些签到信息在推荐算法中得到了充分利用，并且使

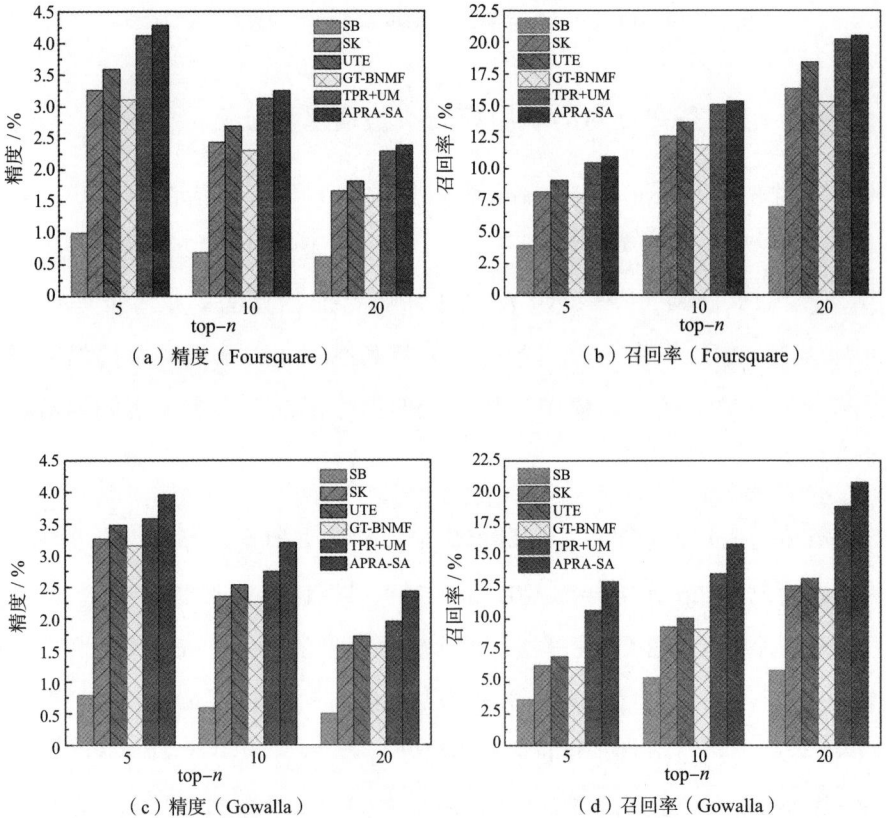

（a）精度（Foursquare）

（b）召回率（Foursquare）

（c）精度（Gowalla）

（d）召回率（Gowalla）

图 4-7　POI 算法对于活跃用户的推荐性能

用了融合时间因素的二维高斯核密度估计和时间感知的 POI 流行度因素，因此 APRA-SA 算法得到了更佳的结果。

从图 4-7 中还能够观察到另一个值得注意的结果，随着两个数据集的 top-n（n=5，10，20）值的增加，对于每一个算法，都呈精度逐渐降低、召回率逐渐增加的趋势。其原因是：①尽管推荐给用户的兴趣点数量有所增加，但是由于 LBSNs 中存在数量巨大的位置，兴趣点的推荐准确度没有显著地增加或者成比例地提高，这导致精度随着 top-n 值的增加反而会降低。②根据召回率的定义，分母是测试集中的兴趣点数量，分子是推荐准确的兴趣点数量。在分母不变的情况下，随着推荐兴趣点数目的增加，相应准确的推荐兴趣点数目（即分子）也增加，因此提高了召回率的结果。

4.6.5　签到行为不活跃用户的实验结果和分析

本节针对 Foursquare 和 Gowalla 两个数据集上签到行为不活跃的用户，对六种兴趣点推荐算法的性能进行实验评估。从测试集中选择签到行为不活跃的用户记录作为本组实验的新测试集，训练集不变。

图 4-8 给出了六种算法对于不同 top-n（n=5，10，20）的精度和召回率结果。如图 4-8 所示，APRA-SA 算法在精度（查准率）和召回率（查全率）方面均优于其他五种算法。具体来说，在图 4-8（a）中，APRA-SA 算法在 Foursquare 上的 top-5 精度为 3.06%，top-10 精度为 2.27%，top-20 精度为 1.72%，分别比相同情况下的 TPR+UM 算法精度提高了 7.85%、6.34% 和 6.48%。在图 4-8（d）中，APRA-SA 算法在 Gowalla 上的 top-5 召回率为 12.74%，top-10 召回率为 18.56%，top-20 召回率为 24.64%，分别比相同情况下的 UTE 算法提高了 13.70%、25.79% 和 28.47%。以上结果证明，APRA-SA 算法对于签到行为不活跃的用户，同样具有推荐优越性。主要原因是 APRA-SA 算法结合了兴趣点过滤、兴趣点流行度和一维幂律函数模型，充分利用了不活跃用户的

自身签到特征和地理空间特征。此外，兴趣点过滤机制可以减少无关位置对推荐结果的影响，从而提高了 APRA-SA 算法的推荐性能。

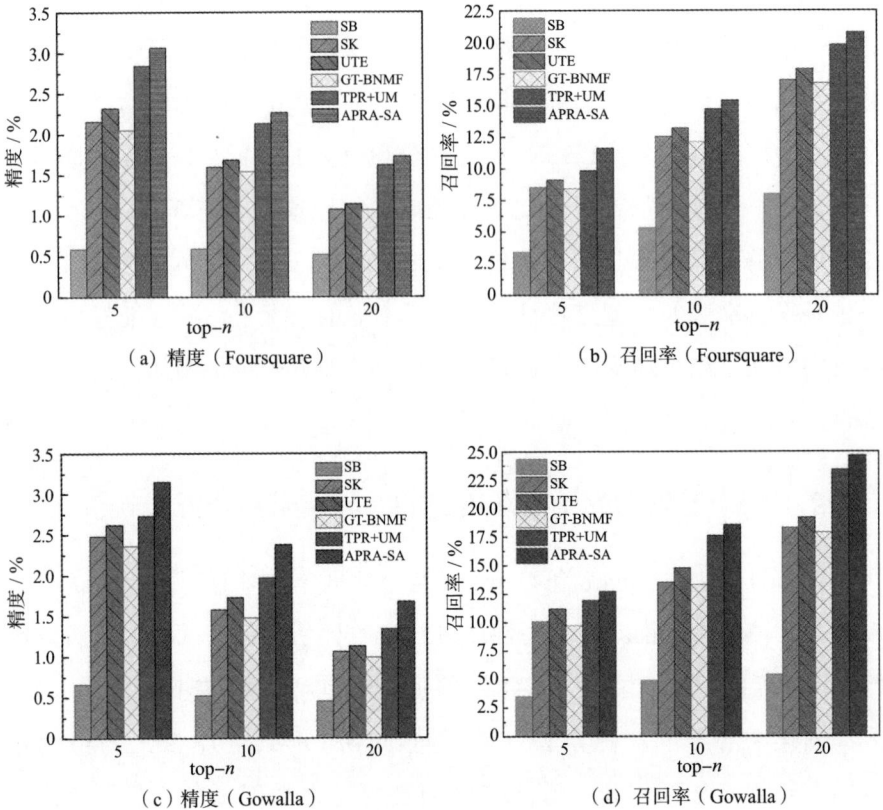

（a）精度（Foursquare）　　　　（b）召回率（Foursquare）

（c）精度（Gowalla）　　　　（d）召回率（Gowalla）

图 4-8　POI 算法对于不活跃用户的推荐性能

4.6.6　所有用户的实验结果和分析

针对 Foursquare 和 Gowalla 数据集上的所有用户和签到数据，利用划分的实验训练集和测试集，对提出的 APRA-SA 算法和其他五种 POI 推荐算法进行实验，并进行推荐结果性能对比。图 4-9 给出了六种算法在两个数据集上的精度和召回率结果。如图 4-9 所示，在相同条件下，APRA-SA 是六种算法中推荐性能最好的。以 Foursquare 上的实验结果为例，APRA-SA 算法的 top-5 精度（3.51%）是 SB 算法

（0.75%）的 5 倍，分别比 SK、UTE、GT-BNMF 和 TPR+UM 算法提高了
32.58%、25.96%、38.66% 和 5.12%。APRA-SA 的 top-20 召回率为最高值
20.72%，分别比 SB、UCF、SK、UTE、GT-BNMF 和 TPR+UM 算法提高
了 176.00%、61.98%、18.39%、14.00%、21.80% 和 3.07%。在 Gowalla 数
据集中，APRA-SA 算法的 top-5 精度比 UTE 和 TPR+UM 算法分别提高了
22.97% 和 15.03%，APRA-SA 算法的 top-20 召回率比 SB、SK、UTE、
GT-BNMF 和 TPR+UM 算法分别提高了 313.21%、36.48%、30.43%、
37.57% 和 3.11%。

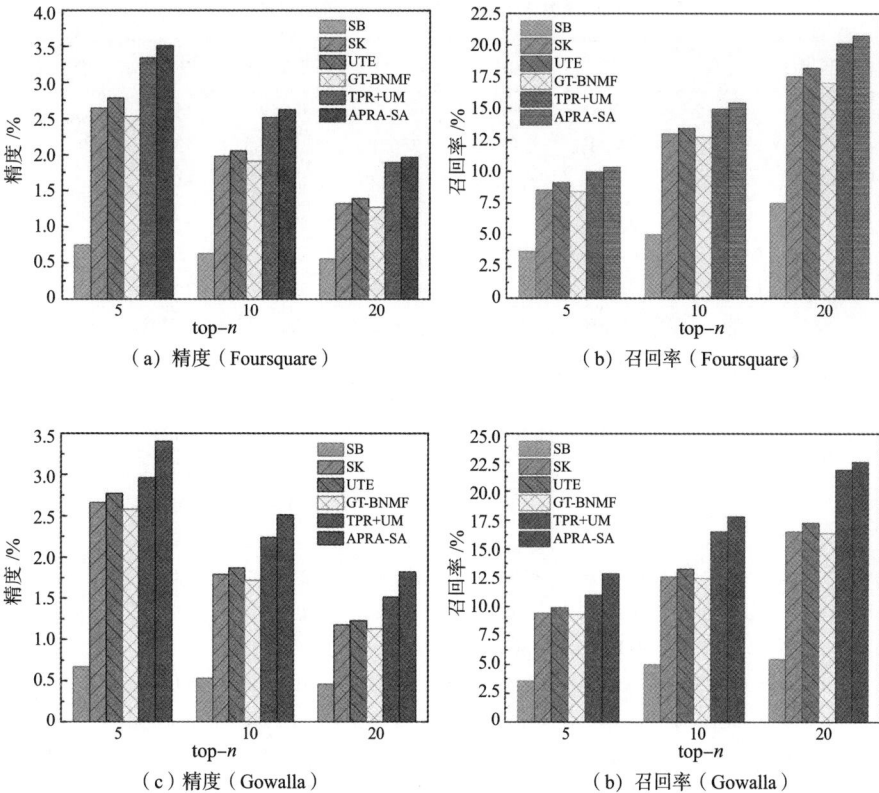

（a）精度（Foursquare）　　　（b）召回率（Foursquare）

（c）精度（Gowalla）　　　（b）召回率（Gowalla）

图 4-9　POI 算法对于所有用户的推荐性能

基于六个算法在两个数据集上的 top-n 精度和召回率，相应的 F_β

指标值如表 4-3 所列。根据表 4-3 的结果，表明提出的 APRA-SA 算法推荐性能优于其他算法。具体在 top-5 和 $\beta=0.5$ 情况下，APRA-SA 算法在 Foursquare 数据集上的 F_β 指标值比 SB、SK、UTE、GT-BNMF 和 TPR+UM 算法的 F_β 指标结果分别提高了 0.0315、0.0097、0.0081、0.0110 和 0.0019；APRA-SA 算法在 Gowalla 数据集上的 F_β 指标结果比 SB、SK、UTE、GT-BNMF 和 TPR+UM 算法的 F_β 指标结果分别提高了 0.0319、0.0088、0.0075、0.0097 和 0.0052，相应提高的百分比分别为 398.75%、28.30%、23.15%、32.12% 和 15.09%。

表 4-3　Foursquare 和 Gowalla 数据集上的 F_β 指标

数据集	指标	SB	SK	UTE	GT-BNMF	TPR+UM	APRA-SA
Foursquare ($\beta=0.5$)	top-5	0.0089	0.0307	0.0323	0.0294	0.0385	0.0404
	提高	354.93%	31.60%	25.08%	37.41%	4.97%	
	top-10	0.0076	0.0238	0.0247	0.0230	0.0302	0.0315
	提高	314.47%	32.35%	27.53%	36.96%	4.46%	
	top-20	0.0068	0.0162	0.0171	0.0156	0.0231	0.0240
	提高	252.94%	48.15%	40.35%	53.85%	3.87%	
Gowalla ($\beta=0.5$)	top-5	0.0080	0.0311	0.0324	0.0302	0.0347	0.0399
	提高	398.75%	28.30%	23.15%	32.12%	15.09%	
	top-10	0.0065	0.0216	0.0226	0.0208	0.0270	0.0303
	提高	366.15%	40.28%	34.07%	45.67%	12.03%	
	top-20	0.0056	0.0144	0.0150	0.0139	0.0186	0.0223
	提高	298.21%	54.86%	48.67%	60.43%	20.03%	
Foursquare ($\beta=1$)	top-5	0.0125	0.0404	0.0427	0.0389	0.0500	0.0524
	提高	320.42%	29.72%	22.80%	34.74%	4.81%	
	top-10	0.0112	0.0344	0.0256	0.0332	0.0430	0.0449
	提高	301.51%	30.60%	25.93%	35.16%	4.29%	
	top-20	0.0104	0.0245	0.0258	0.0236	0.0346	0.0359
	提高	246.74%	46.22%	38.90%	51.87%	3.79%	
Gowalla ($\beta=1$)	top-5	0.0113	0.0415	0.0433	0.0404	0.0466	0.0539
	提高	376.89%	29.81%	24.40%	33.19%	15.45%	
	top-10	0.0096	0.0313	0.0328	0.0302	0.0394	0.0440
	提高	359.14%	40.35%	34.28%	45.55%	11.67%	
	top-20	0.0085	0.0219	0.0229	0.0211	0.0283	0.0337
	提高	296.97%	53.52%	47.21%	59.31%	19.08%	

以上实验结果表明，自适应算法 APRA-SA 在 Foursquare 和 Gowalla 两个数据集上都具较好的推荐性能。原因如下。

（1）APRA-SA 算法利用了用户自身的签到行为特征，能够更深入、更准确地捕捉用户的签到行为偏好，从而进行有针对性的个性化推荐。

（2）通过对用户签到行为和兴趣点地理空间的特征提取和分析，能够更深入地捕捉用户对兴趣点在空间上的签到偏好。

（3）在空间的一维幂律和二维高斯核密度估计概率模型中，融入了时间因素，有效增强了兴趣点推荐的时空关联；通过时间感知的一维幂律函数和时间感知的二维高斯核密度估计模型的应用，能够更准确地进行兴趣点的时间、空间关联分析和推荐。

（4）APRA-SA 算法能够根据用户签到行为的不同特征，通过恰当采用不同的时空模型策略进行个性化和具有适应性的兴趣点推荐，充分利用了用户自身的签到属性和时空模型的相关性，以取得最佳推荐效果。

（5）采用了整体和时间感知相结合的兴趣点流行度计算方法，并运用时间槽的平滑技术解决数据稀疏问题。

综上，把用户签到行为特征、空间特征和时空概率模型相结合的自适应兴趣点推荐算法 APRA-SA，能够获得更好的推荐性能。

另外，SB 算法主要使用一维距离幂律函数，SK 算法主要使用二维核密度估计方法。与 SB 和 SK 相比，APRA-SA 融合了这两种空间模型各自的优点来提高推荐性能。UTE 对所有用户都采用一维幂律函数和兴趣点流行度，其性能低于 APRA-SA，因为后者增加了对签到行为活跃用户的二维高斯核密度估计方法。

综上所述，对于相同的推荐兴趣点个数 top-n 的情况，APRA-SA 在 Foursquare 上的精度、召回率和 F_β 值均高于在 Gowalla 上的相应结果，主要原因是 Gowalla 数据集比 Foursquare 数据集更加稀疏，这使得用户签到行为和兴趣点变得复杂和多样，增加了推荐的难度，于是同样的算法在稀疏的数据信息中就更难进行准确的推荐。

4.7 本章小结

为了充分挖掘和利用 LBSNs 中的地理空间信息，本章提出了一种融合时空特征和概率模型的自适应兴趣点推荐方法 APRA-SA。通过分析兴趣点流行度特征，给出结合整体和时间感知两部分因素计算兴趣点的流行度；通过相邻签到兴趣点的距离越近，签到概率越大的特征，对推荐的兴趣点进行距离过滤处理，得到候选兴趣点集合后再进行推荐，能够增强签到的相关性，减少计算量，从而提高 POI 推荐算法的准确性和效率；针对签到行为具有不同特征的用户，分别提出了时间感知的一维幂律函数概率模型和时间感知的二维高斯核密度估计概率模型，通过联合概率模型来进行自适应兴趣点推荐，更能体现用户的签到行为特征和兴趣点的时空关系，并且通过实验分析来确定连续时间槽的长度值。最后，进行了实验与评价。在对实验基本设置和对比的 POI 推荐算法进行描述后，从多组实验进行了实验和性能分析。在 Foursquare 和 Gowalla 数据集中的大量实验表明，本章提出的自适应兴趣点推荐方法在精度、召回率和 F_β 指标方面均优于对比的 POI 推荐方法，具有较好的推荐性能。

第5章 结合长短期兴趣偏好的自适应连续 POI 推荐算法

连续兴趣点推荐是传统兴趣点推荐研究的深入和扩展，主要解决用户下一个可能访问的兴趣点推荐问题。本章针对已有连续兴趣点推荐方法中存在的用户短期兴趣考虑不足和难以适用于不活跃用户的问题，提出一种结合长短期兴趣偏好的自适应连续 POI 推荐方法，该方法将用户的签到轨迹序列划分为近期签到轨迹序列和历史签到轨迹序列，分别利用循环神经网络和长短时记忆网络建模用户的短期兴趣偏好和长期兴趣偏好，最后结合用户的长短期兴趣偏好为其推荐下一个访问的兴趣点。

5.1 问题提出

手持便捷式智能设备的普及，以及其具有的较强的计算能力和高效稳定的无线通信能力，极大地促进了移动社交网络的发展。当前，越来越多的用户喜欢通过移动社交网络的方式进行社交活动和分享基于位置的生活体验，如在线交友、对感兴趣的地点发表评论、关注某些特定的地点或以签到的方式分享其位置信息等。据统计，截至 2024 年年初，全球最大的社交媒体平台 Facebook 的月活跃用户数为 30.5 亿，日活跃用户数为 20.9 亿。在这些海量的社交关系、评论信息和签到记录中蕴含着丰富的用户特征信息，如用户的群组特征、兴趣特征、地理特征、签到的频率和周期性，以及用户移动轨迹序列等特征。那么如何从海量数据中挖掘出用户隐含的一系列特性，并将其准确合理地应用到用户兴趣点推荐方法建模中，为移动用户提供一种多样性的、个性化的精准兴趣点推荐服务，有效减轻信息过载为用户带来的选择困惑问题，是当前兴趣点推荐领域研究亟待解决的关键问题。

现有兴趣点推荐方法主要为用户推荐可能感兴趣的、未访问过的兴趣点，通常利用二维矩阵描述系统中用户和兴趣点之间的关系，基于用户所有的历史签到记录，采用协同过滤、矩阵分解、贝叶斯推理和高斯分布等方法建模用户的签到行为和兴趣偏好，融合时间、地域、社交、兴趣点的流行度和邻居特征等多种影响因素筛选出用户可能感兴趣的兴趣点。第 3 章和第 4 章提出的自适应兴趣点推荐方法，是根据用户签到行为的活跃程度，有针对性地为不同用户提供合适的兴趣点推荐服务，以提高兴趣点推荐的精准性和高效性，本质上也是为了解决传统兴趣点推荐问题。

然而，在现实生活中，用户访问兴趣点一般具有连续性、区域限制和时间敏感性等相关特征，例如，IT 企业员工往往在工作日中午去附近餐馆，下午去咖啡厅，晚上则经常去健身房或电影院，在这种情况下当用户访问了餐馆、咖啡厅之后，下一个要访问的兴趣点极可能为健身房或电影院，此时系统为用户推荐区域内的健身房和电影院则相对于其他兴趣点更为合理。再如，用户下飞机之后往往需要在机场周围购物和寻找旅馆，那么在这种场景下用户最希望系统为其推荐一家合适的旅馆。因此，如何根据用户当前上下文信息（如当前时刻、当前所在的地理位置、区域等）和历史签到轨迹序列，为用户连续推荐下一个时刻可能感兴趣的兴趣点则更加有价值和实际意义。

如图 5-1 所示，连续兴趣点推荐就是根据用户当前的位置和历史签到轨迹序列，对用户的连续签到行为进行建模，为其推荐下一个可能要访问的兴趣点。相对于传统兴趣点推荐方法只考虑用户整体的签到信息，连续兴趣点推荐则更加侧重于对兴趣点时序关系和签到轨迹序列的建模。由于用户连续签到的数据比一般签到数据更加稀疏，以及下一个兴趣点不仅与用户的兴趣偏好有关，而且更加依赖于用户当前位置和时刻等上下文条件，因此连续兴趣点推荐的难度更大。

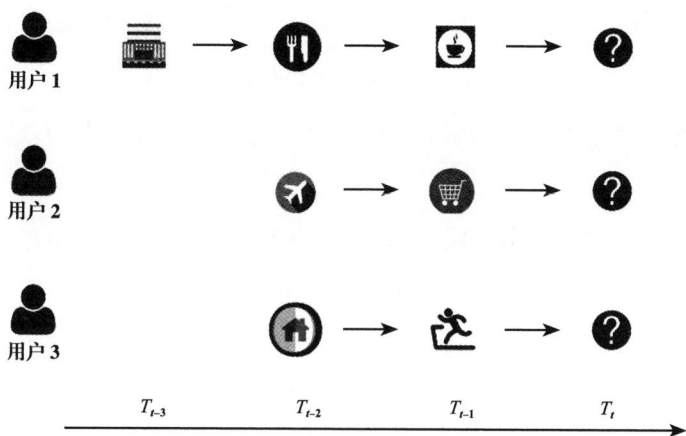

图 5-1　用户连续签到序列的实例

已有连续兴趣点推荐方法都采用 RNN 的变体 LSTM 或 GRU 建模用户的连续签到行为，并且考虑了近期签到记录和长期签到记录，以及相邻两个签到兴趣点时空上下文信息对下一个兴趣点推荐的影响，这些方法有效提高了连续兴趣点推荐的准确性。但是，在连续签到轨迹序列处理、短期兴趣偏好建模和签到较少的不活跃用户方面还存在如下问题。

（1）在连续签到轨迹序列中有些相邻签到兴趣点存在较大的差异性。很多已有方法将用户所有的签到记录都看作一个整体生成连续兴趣点签到轨迹序列，移动社交网络中用户签到的不规则性和随机性的特征，使得在整个连续签到轨迹序列中存在很多相邻两个兴趣点之间的签到时间间隔较长，以及相邻两个兴趣点属于不同区域的情况。例如，有些用户经常出差或旅游，那么这些用户签到的兴趣点会频繁出现跨区域变化，这种相邻签到兴趣点间的差异性将大大影响推荐的精度。

（2）对用户短期兴趣建模考虑的近期签到的兴趣点较少。在连续兴趣点推荐中，用户的短期兴趣对下一个兴趣点的推荐起到了重要作用，已有方法虽然将用户的兴趣划分为了长期兴趣和短期兴趣，但是在对短期兴趣建模时只依赖于最近签到的一个兴趣点，导致难以较准确地体现用户近期的兴趣偏好，而现实生活中用户下一个兴趣点的选择往往受到近期多个连续签到兴趣点的影响。因此对用户近期多个连续签到兴趣点进行建模并作为用户的短期兴趣偏好，对于下一个兴趣点的推荐将更加准确和有意义。

（3）对签到行为不活跃用户难以有较好的推荐效果。通过前面章节的分析可知，在移动社交网络中存在部分用户活跃度较低，签到数量较少且相邻签到的兴趣点之间的时间间隔和距离间隔较大，使得不活跃用户只有较短的签到轨迹序列并且连续性较差，尤其是经常缺乏足够的近期签到的信息，导致很难对其进行短期兴趣建模，无法准确地获取用户的兴趣偏好，致使对该类用户难以有较好的推荐效果。

针对上述问题，本章提出了一种长短期兴趣偏好相结合的自适应连续兴趣点推荐方法 SLTP-AS。该方法引入了时间窗口的概念，将用户的兴趣点签到轨迹序列按照时间窗口划分为近期签到轨迹序列和历史签到轨迹序列，最近时间窗口内的签到轨迹序列隐含了用户的短期兴趣特征。由于一个时间窗口内签到的子轨迹序列长度相对较短，为此采用循环神经网络 RNN 模型对最近时间窗口中的签到轨迹序列建模以获取用户的短期兴趣偏好，该方法能够依据用户近期签到的信息较准确地获取到用户的短期兴趣。而历史签到的兴趣点轨迹序列隐含了用户的长期兴趣特征，历史签到轨迹的序列较长，为此采用长短期记忆网络 LSTM 模型对历史签到轨迹序列进行建模以获取用户长期稳定的兴趣偏好。对于签到记录较少的不活跃用户，本章利用相似用户的短期兴趣作为不活跃用户的短期兴趣偏好，由于相似用户具有相似的兴趣、从事相似的活动、属于同一区域，这些相似用户的短期兴趣偏好具有较好的借鉴作用，这种方式能够有效解决不活跃用户连续签到轨迹序列较短和冷启动的问题。

5.2　相关定义

本节将给出连续兴趣点推荐涉及的相关定义及问题的形式化描述。

定义 5.1（用户签到轨迹序列）　设 $C_u = \{c_{t_1}^u, c_{t_2}^u, c_{t_3}^u, \cdots, c_{t_i}^u\}$ 表示用户 u 的所有签到轨迹序列的集合，由多个连续的签到记录组成。系统所有用户的签到轨迹序列表示为 $T^U = \{C_{u1}, C_{u2}, C_{u3}, \cdots, C_{u|U|}\}$，其中 U 表示系统中所有用户的集合。

定义 5.2（用户最近时间窗口签到轨迹序列）　设 $C_u^{tw} = \{C_{t_{k+1}}^u, C_{t_{k+2}}^u, \cdots, C_{t_{i-2}}^u, C_{t_{i-1}}^u, C_{t_i}^u\}$ 表示用户 u 在时间窗口 tw 内的签到轨迹序列，其签到时间 t_i 满足条件 $t_c - tw \leq t_i \leq t_c$，$tw$ 表示时间窗口的大小，t_c 表示当前时间，用户在时间窗口 tw 内的签到轨迹序列是签到轨迹序列的子集，即 $C_u^{tw} \subseteq C_u$。

定义 5.3（用户历史签到轨迹序列）　设 $C_u^{hw} = \{c_{t_1}^u, c_{t_2}^u, \cdots, c_{t_{k-2}}^u, c_{t_{k-1}}^u, c_{t_k}^u\}$ 表示用户 u 在历史上的签到轨迹序列，其签到时间 t_k 满足条件 $t_k < t_c - tw$，表示这些记录都是早期的签到记录，历史签到轨迹序列同样是签到轨迹序列的子集，即 $C_u^{hw} \subseteq C_u$，并且满足条件 $C_u = C_u^{hw} \bigcup C_u^{tw}$。

定义 5.4（连续兴趣点推荐）　在给定所有用户的签到轨迹序列 TU 及时间窗口 tw 大小的前提下，连续兴趣点推荐的目标是根据每个用户 $u \in U$ 当前签到的位置信息及其签到轨迹序列，为其推荐下一个最可能访问的兴趣点。

5.3 连续行为特征提取

5.3.1 连续相邻签到的时间间隔

根据 LBSNs 用户的聚类结果，即签到行为活跃的用户和签到行为不活跃的用户两个集群，分别计算每一类用户的相邻签到的时间间隔。例如，Foursquare 中的三条相邻签到记录（USER_10, LOC_4357, 1.3318814211896342, 103.84775456014967, 19:08, 160）（表示用户 USER_10 在编号 160 这天的 19:08 签到地点 LOC_4357）、（USER_10, LOC_798, 1.375905336666618, 103.95559787750244, 20:35, 160）和（USER_10, LOC_231, 1.3543250452968185, 103.94364595413208, 06:23, 163），那么相邻签到的时间间隔分别是 1 小时和 58 小时。按照这样的计算方法，分别对 Foursquare 数据集中签到行为活跃的用户集群和签到行为不活跃的用户集群进行相邻签到的时间间隔统计，结果如图 5-2 所示。

从图 5-2 中可以看出，不同签到行为特征的用户具有明显不同的签到时间间隔，而且签到行为活跃用户的签到时间间隔远远小于签到行为不活跃用户的时间间隔。具体来说，Foursquare 签到行为具有活跃特征的用户中，相邻签到的时间间隔为 0 h（即相邻的两次签到是在同一个小时内进行）的用户占 15.85%，而仅有 7.74% 的不活跃用户，其相邻签到的时间间隔为 0 h。两次签到在 24 h 内（即 1 天）的活跃用户和不活跃用户分别占 73.57% 和 46.80%，分别有 98.00% 的活跃用户和 85.27% 的不活跃用户在 168 h 内（即 7 天）进行相邻签到。除此之外，统计并计算出每个活跃用户的平均相邻签到的时间间隔为 27.13 h，不活跃用户的平均相邻签到的时间间隔为 109.77 h。以上结果说明，在一个时间段内，不活跃用户的签到序列相对较短，无法准确获取不活跃用户的短期兴趣偏好。因此，考虑采用相似活跃用户的近期签到记录来建模不活跃用户的短期兴趣偏好。

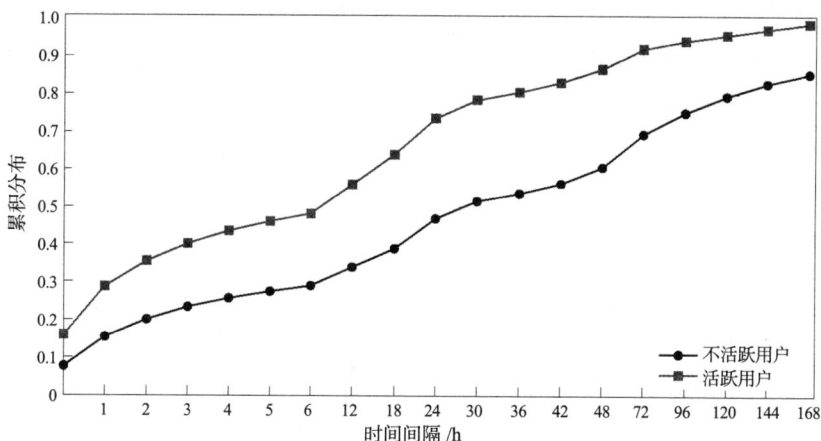

图 5-2　相邻签到时间间隔的累积分布

5.3.2　签到行为随时间的转移

LBSNs 用户访问和签到地点的偏好，会随着时间的延续发生变化，如一个用户喜欢在夏季的晚上去户外散步，而在冬季的晚上喜欢去健身房；用户被新开业的海鲜饭店所吸引，经常访问并进行签到。具体分析，用户的爱好还细分为两个维度，即长期签到行为的爱好规律和短期签到行为的爱好规律。

为了深入分析签到行为随时间转移的特征，选择 Foursquare 中的 USER_2057 号用户，其签到次数是 1265 次，是整个数据集中签到次数最多的用户。对该用户访问次数最多的前 8 个地点，进行签到时间的变化情况统计，结果如图 5-3 所示，其中 X 轴表示用户 USER_2057 签到的日期编号，Y 轴表示签到次数前 8 个地点。从图 5-3 中可以看出三种现象：①用户对 top-3、top-5、top-6 和 top-8 四个地点的签到集中在第 150~290 天这段时间内，之后不再访问这些地点；②用户对地点 top-2 和 top-7 的访问呈周期性变化，在开始一段时间内喜欢频繁访问并签到，之后由于某种原因停止访问，过一段时间后又开始经常访问；③用户对地点 top-1 和 top-4 的访问呈逐渐下降的趋势，刚开始喜欢频繁访问和签到，随着时间的推移，兴趣慢慢减退，访问的次数越来越少。

基于上述分析可知，用户的签到偏好具有随时间变化的特性，那么在进行连续兴趣点推荐时应考虑用户的近期兴趣偏好。因此，在对用户兴趣偏好建模时应根据用户兴趣点签到的时间进行分割，分别建模用户的短期兴趣偏好和长期稳定的兴趣偏好，将会更加有助于提高连续兴趣点推荐的效果。

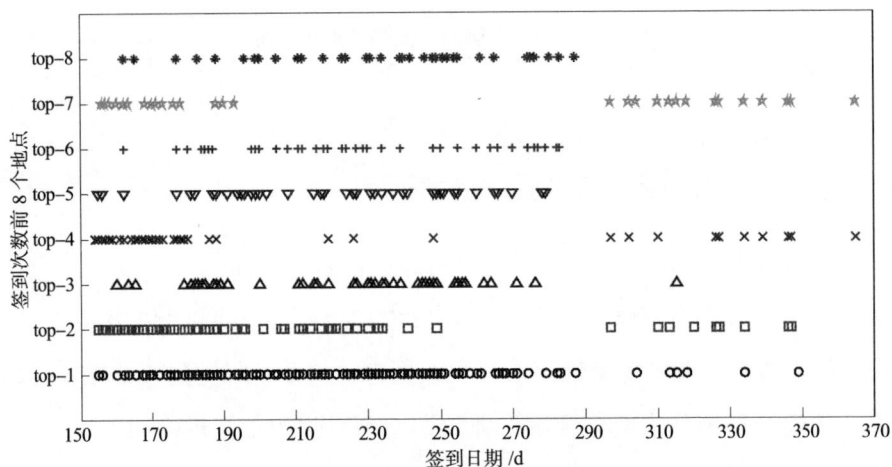

图 5-3　签到兴趣点随时间的分布

5.4　长短期记忆网络

RNN 比较适合建模和处理用户连续兴趣点签到轨迹序列问题，能够从用户的签到轨迹序列中学习到用户潜在变化的行为，可以有效预测用户在下一时刻的兴趣偏好。RNN 的结构比较简单，只包含输入层 U、隐藏层 W 和输出层 V 三层，如图 5-4 所示，在每个时刻节点的状态与当前时刻的输入和上一时刻输出的状态有关，如式（5-1）和式（5-2）所示。

$$h_t = \sigma(Ux_t + Wh_{t-1}) \tag{5-1}$$

$$y_t = g(Vh_t) \tag{5-2}$$

其中，x_t 为 t 时刻模型的输入，一般采用 d 维度的特征向量表示输入的信息，即 $x_t \in \mathbb{R}^d$；U，$W \in \mathbb{R}^{d \times d}$ 分别为输入的权重矩阵和状态传递的权重矩阵；$y_t \in \mathbb{R}^n$ 为 t 时刻模型的输出，$V \in \mathbb{R}^{n \times d}$ 为输出的权重矩阵；$h_t \in \mathbb{R}^d$ 为 t 时刻隐藏层的状态；采用 d 维度的特征向量表示状态信息，是网络的记忆单元，可以传递到下一时刻；σ 一般为 sigmod 激活函数；g 一般为 tanh 激活函数。由于 RNN 模型能够将以前记录的状态一直往下传递，所以能够记忆用户连续签到行为。

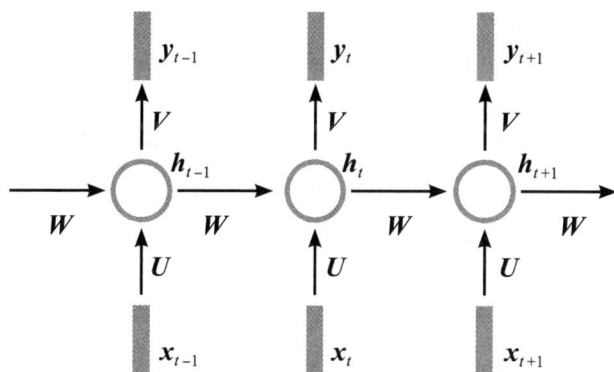

图 5-4　循环神经网络的结构

　　RNN 比较适合处理短序列数据，在处理长序列数据时，在训练过程中存在梯度爆炸和梯度衰减问题，导致无法记忆用户长期的兴趣偏好。长短期记忆模型 LSTM 是一种特殊类型的 RNN，能够处理更长的序列数据，可以学习有序数据中长期依赖的信息。LSTM 通过在传统的 RNN 中增加了遗忘门、输入门和输出门来控制长序列的记忆问题，模型有两个输出状态，如图 5-5 所示。c_t 为隐藏的细胞状态，用来记忆序列的长期特征并一直往下传递；h_t 为当前时刻模型的状态，由当前的输入 x_t 和所记忆的长期特征 c_t 共同决定。为了能够记忆序列的长期特征，LSTM 增加了三个门，其中遗忘门是根据当前时刻的输入 x_t 和上一时刻的状态 h_{t-1}，有选择性地遗忘上一时刻隐藏细胞状态 c_{t-1} 中的一些不重要的特征信息，从而将一些重要的特征信息保留传递下去；输入门是根据当前时刻的输入 x_t 和上一时刻的状态 h_{t-1}，控制当前输入的信息有多少重要内容需要加入到隐藏细胞状态中 c_t；输出门主要是用来控制当前时刻输入的信息，有哪些重要特征需要作为当前时刻状态输出的参考信息。

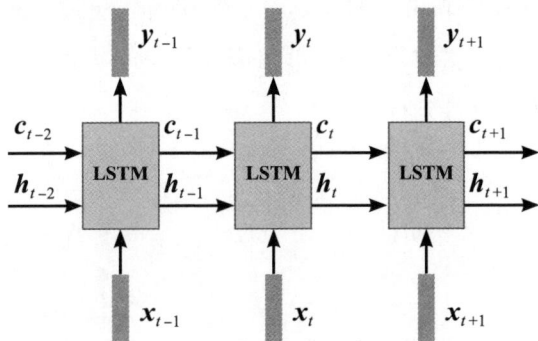

图 5-5　长短期记忆网络的结构

LSTM 迭代计算如式（5-3）至式（5-8）所示。

$$i_t = \sigma(W_i[h_{t-1}, x_t] + b_i) \tag{5-3}$$

$$f_t = \sigma(W_f[h_{t-1}, x_t] + b_f) \tag{5-4}$$

$$o_t = \sigma(W_o[h_{t-1}, x_t] + b_o) \tag{5-5}$$

$$\tilde{c}_t = \tanh(W_c[h_{t-1}, x_t] + b_c) \tag{5-6}$$

$$c_t = (\boldsymbol{f}_c \odot \boldsymbol{c}_{t-1} + \boldsymbol{i}_t \odot \tilde{\boldsymbol{c}}_t) \tag{5-7}$$

$$\boldsymbol{h}_t = \boldsymbol{o}_t \odot \tanh(\boldsymbol{c}_t) \tag{5-8}$$

其中，$\boldsymbol{i}_t$，$\boldsymbol{f}_t$，$\boldsymbol{o}_t$ 分别表示模型在 t 时刻的输入门、遗忘门和输出门；$\boldsymbol{W}_i$，$\boldsymbol{W}_f$，$\boldsymbol{W}_o$，$\boldsymbol{W}_c \in \mathbb{R}^{d \times 2d}$ 是相应的权重矩阵；$\boldsymbol{b}_i$，$\boldsymbol{b}_f$，$\boldsymbol{b}_o$，$\boldsymbol{b}_c \in \mathbb{R}^d$ 为对应的偏置向量；$\odot$ 表示向量的点积运算，即两个相同维度向量对应元素相乘。

5.5 结合长短期兴趣偏好的自适应连续 POI 推荐建模方法

本节将详细介绍一种基于用户长短期兴趣偏好的连续兴趣点推荐框架，给出具体的用户短期兴趣偏好和长期兴趣偏好建模的方法，并针对签到行为不活跃用户的近期签到记录较少，无法获取其短期兴趣偏好问题给出了解决方法。

5.5.1 自适应连续兴趣点推荐框架

连续兴趣点推荐就是每当用户签到之后，根据用户当前的位置信息和历史签到的兴趣偏好，为用户连续推荐下一个可能访问的兴趣点。传统的基于协同过滤和矩阵分解的连续兴趣点推荐方法，通常利用用户的潜在兴趣特征表示和候选兴趣点的隐含特征表示进行内积，计算出对候选兴趣点的兴趣评分，将评分最高的兴趣点推荐给用户。这种方法中，用户的潜在兴趣特征是静态的，无法体现出时空上下文因素对用户兴趣的影响。与传统方法不同的是，本章设计一种融合时空上下文的长短期兴趣偏好相结合的自适应连续兴趣点推荐方法 SLTP-AS，该方法通过分析当前用户所属的类别，能够自适应地处理不同类别用户的签到轨迹序列，将用户的签到轨迹序列按照时间窗口的大小，分为近期签到轨迹序列和历史签到轨迹序列，并采用循环神经网络模型分别对这两个签到轨迹序列进行建模，从而可以实时获取用户的短期兴趣偏好特征和长期兴趣偏好特征。重要的是，这两种兴趣偏好特征是动态的，会随着用户签到轨迹序列的增加动态地变化，能够充分地反映用户当前的兴趣特征。

SLTP-AS 具体实现的框架如图 5-6 所示，由数据集预处理、签到序列自适应处理、用户长短期兴趣偏好自适应学习建模和连续兴趣点推荐评分四部分组成。在数据集预处理之后，主要的三个模块描述如下。

（1）签到序列自适应处理。用户类别判定主要用于判定目标用户所属的类别，通过在算法 2-1 的输出结果中查找得出目标用户的所属类别（即活跃用户或不活跃用户）；对所有用户提取签到轨迹序列，按照时间升序排列每个用户的签到记录，则签到的相应地点就是该用户的签到轨

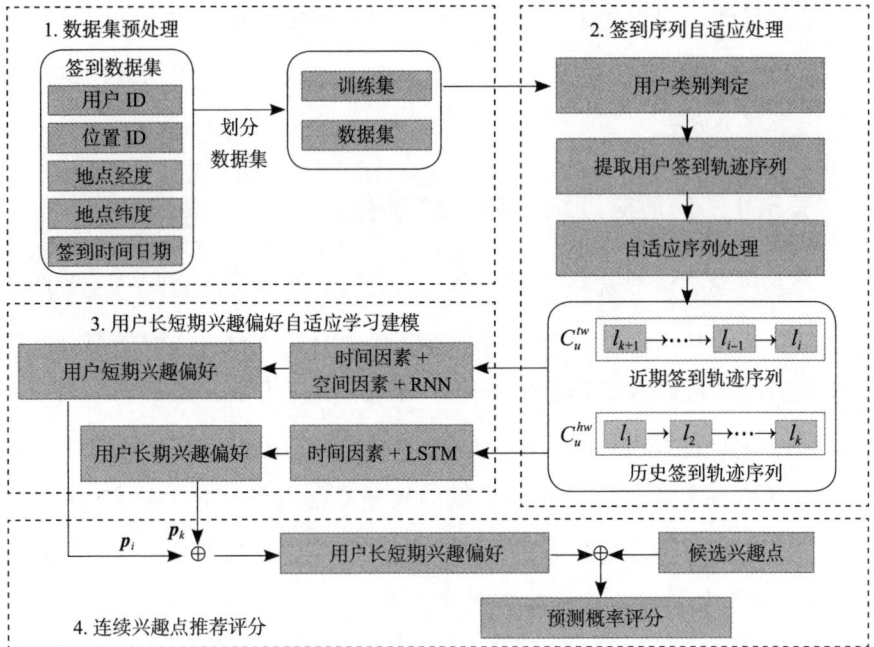

图 5-6　自适应连续兴趣点推荐整体框架

迹序列；自适应序列处理用于动态处理不同用户的签到轨迹序列，根据时间窗口 tw 的大小将用户的签到轨迹序列划分为近期签到轨迹序列 C_u^{tw} 和历史签到轨迹序列 C_u^{hw}，而对于近期签到轨迹序列较短的不活跃用户，则采用序列填充的方法将其活跃相似用户的近期签到记录，填充到其近期签到轨迹序列中，从而能够有效建模不活跃用户的短期兴趣偏好。

（2）用户长短期兴趣偏好自适应学习建模。长短期兴趣偏好特征建模主要依据处理好的用户近期签到轨迹序列和历史签到轨迹序列来实现，其中 $\boldsymbol{p}_i \in \mathbb{R}^d$ 为用户 u 的短期兴趣偏好的特征表示，是一个 d 维度的特征向量，该特征向量由循环神经网络模型 RNN 通过对用户 u 在时间窗口 tw 内的近期签到轨迹序列 C_u^{tw} 建模所得，并且在建模过程中考虑了时空上下文因素对用户短期兴趣偏好的影响。$\boldsymbol{p}_k \in \mathbb{R}^d$ 为用户 u 的长期兴趣偏好的特征表示，同样是一个 d 维度的特征向量，该特征向量由长短时记忆网络模型 LSTM 对用户 u 的历史签到轨迹序列建模所得，$\boldsymbol{p}_k$ 反映了用户 u 长期稳定的兴趣偏好。

（3）连续兴趣点推荐评分。设 $\boldsymbol{q}_{l_c} \in \mathbb{R}^d$ 为推荐的候选兴趣点 l_c 的嵌入表示，是一个 d 维度的特征向量。$S_{u,\,l_c}$ 为用户 u 对候选兴趣点 l_c 的兴趣评分，计算如式（5-9）所示。

$$S_{u,\,l_c} = (\boldsymbol{p}_i + \boldsymbol{p}_k)^{\mathrm{T}} \boldsymbol{q}_{l_c} \tag{5-9}$$

式（5-9）的理论依据为：用户的短期兴趣特征表示 $\boldsymbol{p}_i$ 和长期兴趣特征表示 $\boldsymbol{p}_k$ 的建模，是分别从用户的历史签到兴趣点的特征表示中学习得出的，表示用户对兴趣点的特征偏好，而 $\boldsymbol{q}_{l_c}$ 为候选兴趣点 l_c 的嵌入表示。如果候选兴趣点 l_c 与用户兴趣点偏好比较一致，那么两个特征表示向量对应维度的值就比较接近，因此两个向量在进行运算之后得到的兴趣评分 $S_{u,\,l_c}$ 较高，否则较低。

由于在 LBSNs 中存在大量的兴趣点，如果将系统中所有兴趣点都作为候选兴趣点进行评分计算，其计算开销较大。而通过第 4.3.2 节的分析可知，用户相邻两个签到兴趣点的距离间隔一般在 20 km 以内，为了减小系统的计算开销和复杂度，只考虑将用户当前位置 20 km 以内的兴趣点作为候选推荐兴趣点。设用户 u 当前签到的兴趣点为 l_o，$N_d(l_o)$ 表示兴趣点 l_o 在 d km 内的邻居兴趣节点的集合，采用第 4.4.4 节算法 4-1 中的兴趣点过滤处理方法来获取候选兴趣点集合，如式（5-10）所示。

$$N_d(l_o) = \{l_c \in L : D(l_c, \ l_o) \leqslant d\} \qquad （5-10）$$

其中，$D(l_c, l_o)$ 表示兴趣点 l_o 和兴趣点 l_c 之间的距离，由两个兴趣点的经纬度坐标计算得出，d 取值为 20 km。

对于候选兴趣点集合中的任意兴趣点 $l_c \in N_d(l_o)$，利用式（5-9）计算用户 u 对兴趣点 l_c 的评分 $\boldsymbol{S}_{u, \ l_c}$，评分最高的表示用户下一个最可能要访问的兴趣点，为了提高推荐的成功率，则将所有候选兴趣点按照 $\boldsymbol{S}_{u, \ l_c}$ 评分进行排序，选 top-n 个评分最高的兴趣点推荐给用户 u。

5.5.2　用户短期兴趣偏好建模

在移动社交网络中，用户连续签到的兴趣点通常具有一定的相关性，连续签到的轨迹序列不仅仅反映了用户的兴趣偏好，而且也隐含了用户周期性的行为和移动轨迹的变化。当用户签到了一个兴趣点之后，下一个要访问的兴趣点往往与近期已访问过的兴趣点在某些上下文信息上有重要的联系，这充分说明了用户短期兴趣偏好对连续兴趣点推荐的重要性。

为了能够有效地获取用户短期兴趣偏好，本章将用户的兴趣点签到轨迹序列按照时间窗口 tw 的大小划分为最近时间窗口签到轨迹序列 C_u^{tw} 和历史签到轨迹序列 C_u^{hw}，以最近时间窗口 tw 内签到的轨迹序列建模用户的短期兴趣偏好。由于用户短期兴趣偏好受时间和地点因素的影响较大，所以在建模时充分考虑了时间和距离上下文信息对用户兴趣偏好的影响，在签到轨迹序列中如果两个相邻兴趣点签到的时间间隔越短，说明这两个兴趣点是连续的签到且具有较高的相关性。同理，如果两个相邻兴趣点的距离间隔越小，也说明这两个兴趣点有较高的相关性和连续性，因为用户一般更可能访问附近的兴趣点，其活动经常限制在某个区域，访问行为受地域影响较大。

基于上述分析，在给定用户 u 及其在时间窗口 tw 内的近期签到轨迹序列 $C_u^{tw} = \{c_{t_{i-k}}^u, \ldots, c_{t_{i-2}}^u, c_{t_{i-1}}^u, c_{t_i}^u\}$,，依次在每个签到记录中提取出兴趣点，得到兴趣点序列 $l_{i-k} \to, \cdots, \to l_{i-2} \to l_{i-1} \to l_i$，对于任意两个相邻的签到记录 $c_{t_{i-1}}^u$、$c_{t_i}^u$，计算其时间间隔 $\Delta t_i = t_i - t_{i-1}$，对任意两个相邻兴趣点利用其经纬度，计算出它们的距离间隔 $\Delta d_i = |l_i - l_{i-1}|$。本章采用循环神经网络建模用户近期的签到轨迹序列，与传统 RNN 不同的是，将序列中隐含的时间上下文和距离上下文信息融合到了模型中，如图 5-7 所示。

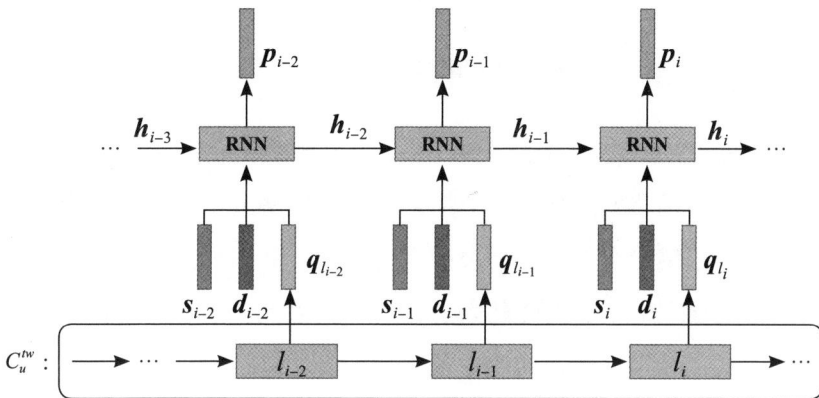

图 5-7　用户短期兴趣建模过程

在输入层有三种输入信息：当前兴趣点的信息、与前一个兴趣点的签到时间间隔和距离间隔信息。节点状态的更新不仅与当前时刻的输入和上一时刻输出的状态有关，而且与前一个兴趣点的签到时间间隔和距离间隔均相关，从而体现出时间和距离上下文信息对用户兴趣偏好的影响，具体状态更新如式（5-11）和式（5-12）所示。

$$h_i = \sigma(Uq_{l_i} + W_s s_i + W_d d_i + W h_{i-1}) \qquad (5\text{-}11)$$

$$p_i = \tanh(V_s h_i) \qquad (5\text{-}12)$$

其中，$q_{l_i} \in \mathbb{R}^d$ 为兴趣点 l_i 的嵌入表示，是一个 d 维度的特征向量；$s_i \in \mathbb{R}^d$ 是时间间隔 Δt_i 的特征向量；$d_i \in \mathbb{R}^d$ 为距离间隔 Δd_i 的特征向量；$h_i \in \mathbb{R}^d$ 为输入兴趣点 l_i 后模型更新的状态信息，状态用一个 d 维度的特征向量表示，用来记录近期签到轨迹序列的特征信息；$p_i \in \mathbb{R}^d$ 为输入兴趣点 l_i 后模型输出的用户兴趣偏好，也是一个 d 维度的特征向量；U，W_s，W_d，W，$V_s \in \mathbb{R}^{d \times d}$ 为相关的权重矩阵，是模型待学习的参数。因此，利用该模型可以对用户在时间窗口 tw 内的近期签到轨迹序列进行学习，当整个签到轨迹序列输入完成之后，最后输出的用户兴趣偏好特征 p_i 即为用户的短期兴趣偏好，基于该短期偏好就可以为用户推荐连续的兴趣点。

5.5.3 用户长期兴趣偏好建模

用户的短期兴趣偏好表示用户最近一段时间内的兴趣特征，这些特征易随时间的推移发生变化，如用户去外地旅游或出差，那么这一段时间用户的兴趣集中在与旅游相关的兴趣点上。而用户的长期兴趣偏好表示用户长期稳定的不易变化的兴趣特征，因为大多数用户通常具有稳定的生活方式，经常表现为周期性或长期的兴趣点访问模式，如喜欢健身的用户每周会定期地去附近健身房和体育中心等。因此，用户的长期兴趣偏好对于连续兴趣点推荐也具有重要的参考作用。

当网络长期运行之后用户的历史签到轨迹序列越来越长，传统的 RNN 模型很难处理这类长的数据序列，为了能够获取用户长期的兴趣特征，采用长短时记忆模型 LSTM 对用户历史签到轨迹序列进行建模，利用 LSTM 的遗忘门过滤用户历史签到轨迹序列中的一些不重要的特征信息，而采用隐藏的细胞单元记忆用户的长期稳定的兴趣特征。但是，用户兴趣点签到轨迹序列与普通的数据序列不同，用户的兴趣会随着时间产生变化，越早期的签到记录越难以准确体现用户的兴趣，因此对历史签到轨迹序列建模时应考虑时间因素对用户长期兴趣的影响。而用户长期兴趣受地理空间影响较少，所以不考虑空间因素的影响。

为此，提出了一种融合时间因素的长短时记忆模型 LSTM 来获取用户的长期兴趣偏好，对用户历史签到轨迹的建模过程，如图 5-8 所示。每次都需输入两类信息：兴趣点信息和时间上下文信息。在对用户 u 的长期兴趣建模前，首先从其历史签到轨迹序列 $C_u^{hw} = \{c_{t_1}^u,\ c_{t_2}^u,\ c_{t_3}^u,\ \cdots,\ c_{t_{k-2}}^u,\ c_{t_{k-1}}^u,\ c_{t_k}^u\}$ 中，提取签到兴趣点的序列 $l_1 \to l_2 \to \cdots \to l_{k-2} \to l_{k-1} \to l_k$，并计算出相邻签到记录的时间间隔 $\Delta t_k = t_k - t_{k-1}$。用 $q_{l_k} \in \mathbb{R}^d$ 表示兴趣点 l_k 的嵌入表示，$s_k \in \mathbb{R}^d$ 表示时间间隔 Δt_k 的特征向量。

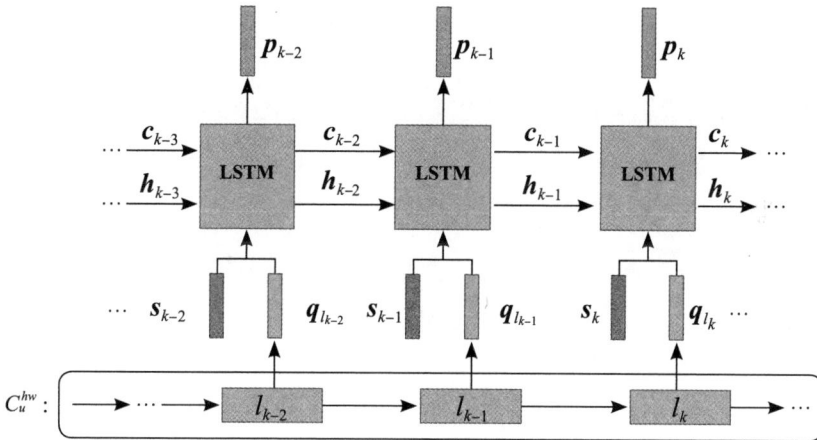

图 5-8 用户长期兴趣建模过程

每次输入后新的候选状态只与当前输入的兴趣点和上一步传递过来的状态有关，所以利用式（5-13）更新候选状态 $\tilde{c}_k$，这与传统的 LSTM 候选状态更新方式相同。

$$\tilde{c}_k=\tanh W_c\,[\,\boldsymbol{h}_{k-1},\quad \boldsymbol{q}_{l_k}]+\boldsymbol{b}_c\,) \tag{5-13}$$

候选状态 $\tilde{c}_k$ 只是用来表示用户当前的兴趣，细胞状态 $\boldsymbol{c}_k\in\mathbb{R}^d$ 则记忆了用户历史上访问兴趣点的信息，反映了用户的长期兴趣偏好。传统的 LSTM 模型利用遗忘门和输入门控制 $\boldsymbol{c}_k$ 的更新，输入门控制用户当前兴趣中哪些可以作为长期兴趣，遗忘门只是控制长期兴趣中哪些信息可以保留、哪些需要丢掉，并没有考虑长期兴趣随时间推移衰减的特性。通过在 LSTM 中增加一个时间门来控制用户长期兴趣积累的速度，将用户一些早期的兴趣进行慢慢衰减，把用户长期稳定的兴趣保留下来，从而状态 $\boldsymbol{c}_k$ 的更新如式（5-14）所示。

$$c_k=\boldsymbol{T}_k\odot\boldsymbol{f}_k\odot\boldsymbol{c}_{k-1}+\boldsymbol{i}_k\odot\tilde{c}_k \tag{5-14}$$

其中，$\boldsymbol{i}_k,\boldsymbol{f}_k\in\mathbb{R}^d$ 分别为输入门和遗忘门，这两个门主要根据当前输入的兴趣点和前一状态来控制 $\boldsymbol{c}_k$ 的更新，其实现与式（5-3）和式（5-4）一致。$\boldsymbol{T}_k\in\mathbb{R}^d$ 表示时间门，根据输入的兴趣点和时间上下文信息控制长期兴趣的衰减，不仅遗忘门能够过滤长期兴趣，而且时间门也可以过滤一些早期没有更新过的兴趣，从而能够让用户长期稳定的兴趣保留下来，式（5-15）是时间门的具体实现方式。

$$\boldsymbol{T}_k=\sigma[\boldsymbol{W}_q\,\boldsymbol{q}_{l_k}+\sigma(\boldsymbol{W}_t\,\boldsymbol{s}_k)+\boldsymbol{b}_t] \tag{5-15}$$

其中，$\boldsymbol{W}_q,\boldsymbol{W}_t\in\mathbb{R}^{d\times d}$ 是权重矩阵，为模型需要学习的参数；$\boldsymbol{b}_t\in\mathbb{R}^d$ 为偏置向量。

当用户的整个历史签到轨迹 C_u^{hw} 学习完成之后，可以获取模型的细胞状态 $\boldsymbol{c}_k$，$\boldsymbol{c}_k$ 表示了用户长期兴趣的特征，与传统 LSTM 的输出不同，本章只需要用户长期积累的兴趣特征，为此利用式（5-16）得出用户的长期兴趣偏好。

$$p_k=\tanh\left(V_l\,c_k\right) \tag{5-16}$$

其中，$p_k\in\mathbb{R}^d$ 表示通过签到轨迹序列 C_u^{hw} 学习到的用户的长期兴趣偏好，$V_l\in\mathbb{R}^{d\times d}$ 为模型需要学习的参数。

5.5.4　不活跃用户近期签到轨迹序列处理

在对用户短期兴趣建模时需要用户在时间窗口 tw 内的近期签到轨迹序列，然而在 LBSNs 中存在部分用户活跃度较低，在时间窗口 tw 内的签到记录较少，模型很难准确获取这部分用户的短期兴趣偏好。由于在现实生活中存在很多访问行为和活动模式比较相似的用户，如 IT 企业的员工、高校教师和大学生等，这些相似用户具有相似的兴趣、从事相似的活动、属于同一区域，那么通过一些活跃相似用户的短期兴趣偏好能够较准确地推理出不活跃用户的短期兴趣偏好。

本章采用序列填充的方法将活跃相似用户的近期签到记录，填充到不活跃用户的近期签到轨迹序列中，然后利用前面的 RNN 模型对该序列进行建模，将获取到的兴趣偏好作为不活跃用户的短期兴趣偏好。设不活跃用户 u_{in} 在时间窗口 tw 内的近期签到轨迹序列为 C_u^{tw}，$|C_u^{tw}|<\delta_{\min}$ 表示该序列具有较少的签到记录甚至为空，其中 $\delta_{\min}$ 为近期签到序列要求的最少签到记录数。采用如下步骤填充签到序列 $C_{u_{in}}^{tw}$。

步骤 1：首先利用第 3 章提出的算法 3-1 相似用户近邻选择算法 FSUA，求解出不活跃用户 u_{in} 的相似用户集合 $G=\{u_{a1},\ u_{a2},\ u_{a3},\ \cdots,\ u_{aj}\}$，其中 j 表示集合 G 中的用户数量。

步骤 2：获取集合 G 中所有相似用户在时间窗口 tw 内的签到序列，并将它们合并组成一个大的签到序列 $C_G^{tw}=C_{u_{a1}}^{tw}\bigcup C_{u_{a2}}^{tw}\bigcup C_{u_{a3}}^{tw}\bigcup\cdots\bigcup C_{u_{ai}}^{tw}$。

步骤 3：如果签到序列 $|C_G^{tw}|>\delta_{\max}$ 表示序列中的签到记录较多，超

出了模型处理的范围，其中 δ_{max} 为签到序列要求的最大签到记录数，则从签到序列 C_G^{tw} 中截取掉签到时间较早的记录，只保留 δ_{max} 个最新的签到记录，即 $C_G^{tw} = C_G^{tw} - C_G^{tw'}$，其中 $C_G^{tw'}$ 表示集合 G 中时间较早的签到序列。

步骤 4：将序列 C_G^{tw} 填充到不活跃用户 u_{in} 的近期签到轨迹序列 $C_{u_{in}}^{tw}$ 中，生成新签到序列，即 $C_{u_{in}}^{tw} = C_{u_{in}}^{tw} \bigcup C_G^{tw}$。

通过上述 4 个步骤即可填充不活跃用户的近期签到序列，由于签到序列 $C_{u_{in}}^{tw}$ 中包含了相似用户近期的签到记录，利用第 5.5.2 节提出的用户短期兴趣建模方法对该序列进行建模，就可以学习到多个相似用户的短期兴趣偏好，以此作为不活跃用户的短期兴趣偏好进行连续兴趣点推荐。

5.5.5　模型训练

本章将用户的兴趣偏好划分为短期兴趣偏好和长期兴趣偏好，采用循环神经网络模型对用户的短期兴趣偏好建模，其参数为 $\Theta_S = \{U, W_s, W_d, W, V_s\}$，而长期兴趣偏好采用 LSTM，其参数为 $\Theta_L = \{W_i, W_f, W_o, W_c, W_q, W_t, V_l, b_i, b_f, b_o, b_c, b_t\}$，因此 SLTP-AS 模型的所有参数 $\Theta = \Theta_S \bigcup \Theta_L$，相对于传统的 RNN 和 LSTM 模型增加了时空上下文的相关参数。

为了能够训练 SLTP-AS 模型和学习上述参数 Θ，设计 SLTP-AS 的目标函数。在训练集中，对于用户 u 及其签到轨迹序列 $C_u = \{C_{t_1}^u, C_{t_2}^u, C_{t_3}^u, \cdots, C_{t_i}^u\}$，可以得出签到兴趣点的集合 $C_u^l = \{l_1, l_2, l_3, \cdots, l_i\}$，假设所有用户和历史签到兴趣点都相互独立，那么对于每一个兴趣点 $l_i \in C_u^l$，可以将参数的优化问题极大化为如下目标，如式（5-17）所示。

$$\prod_{u \in U} \prod_{l_j \in c_u^l} p(\Theta \mid l_j) \propto \prod_{u \in U} \prod_{l_j \in c_u^l} p(l_j \mid \Theta) \, p(\Theta) \qquad (5-17)$$

为了得到参数的最优取值，采用最大后验概率来估计模型参数，如式（5-18）所示。

$$\arg\max_{\Theta} \prod_{u \in U} \prod_{l_j \in c_u^l} p(l_j \mid \Theta) p(\Theta) \qquad (5\text{--}18)$$

其中，兴趣点 l_j 为每次连续推荐的邻居节点中评分最高的兴趣点，因此兴趣点 l_j 的概率可以通过式（5–19）计算得出。

$$p(l_j \mid \Theta) = \frac{e^{S_{u,l_j}}}{\sum\limits_{l_m \in N_d(l_j)} e^{S_{u,l_m}}} \qquad (5\text{--}19)$$

假设参数 Θ 服从高斯分布，即 $\Theta \sim \mathcal{N}(0, \lambda_{\Theta})$，$\lambda_{\Theta}$ 为正则系数，则可以通过式（5–20）求解 SLTP-AS 模型的最优方案。

$$
\begin{aligned}
& \arg\max_{\Theta} \ln \prod_{u \in U} \prod_{l_j \in c_u^l} p(l_j \mid \Theta) p(\Theta) \\
& = \arg\max_{\Theta} \prod_{u \in U} \prod_{l_j \in c_u^l} \ln p(l_j \mid \Theta) p(\Theta) \\
& = \arg\max_{\Theta} \sum_{u \in U} \sum_{l_j \in c_u^l} \left(S_{u,l_j} - \ln \sum_{l_m \in N_d(l_j)} e^{S_{u,l_m}} \right) - \lambda_{\Theta} \qquad (5\text{--}20)
\end{aligned}
$$

对于上述目标函数的最优化问题，采用 Adam（adaptive moment estimation）优化器来更新参数 Θ，Adam 是随机梯度下降（SGD）的一种变体，与传统的随机梯度下降 SGD 保持单一的学习率更新所有权重不同的是，Adam 可以为不同的参数设计独立的自适应性学习率，能基于训练数据迭代地更新神经网络的权重。

5.5.6　自适应连续兴趣点推荐算法

在连续兴趣点推荐框架和长短期兴趣偏好建模方法描述的基础上，本节给出自适应连续兴趣点推荐算法 SLTP-AS 实现的具体过程，算法的核心思想是根据不同类型的目标用户自适应地处理用户的签到轨迹序列，对于签到序列较短的不活跃用户，采用序列填充策略将序列填充到适合建模的长度，然后采用循环神经网络分别建模用户的短期兴趣偏好和长期兴趣偏好，基于用户的长短期兴趣偏好特性对候选兴趣点进行评分，最后选择 top-n 个评分高的兴趣点推荐给目标用户。SLTP-AS 算法具体描述如下（算法 5–1）。

算法 5–1　SLTP-AS

输入：T^U：用户签到的轨迹序列；

　　　u：目标用户；

　　　l_o：用户 u 当前签到的兴趣点位置；

　　　tw：时间窗口的大小；

输出：推荐的 top-n 兴趣点集合

Begin

（01）在算法 2–1 的输出结果中查找用户 u 的所属类别；

（02）从 T^U 中查找用户 u 的签到轨迹 C_u；

（03）根据时间窗口 tw 的大小将签到轨迹 C_u 划分为 C_u^{tw} 和 C_u^{hw}；

（04）if 用户 u 为不活跃用户 then

（05）　　　利用第 5.5.4 节中的步骤填充用户 u 的近期签到轨迹序列 C_u^{tw}；

（06）end if

（07）利用第 5.5.2 节中的方法对 C_u^{tw} 进行建模，获取用户 u 的短期兴趣偏好 $\boldsymbol{p}_i$；

（08）利用第 5.5.3 节中的方法对 C_u^{hw} 进行建模，获取用户 u 的长期兴趣偏好 $\boldsymbol{p}_k$；

（09）利用式（5–10）获取兴趣点 l_o 的邻居兴趣点集合 $N_d(l_o)$；

（10）for each $l_c \in N_d(l_o)$ do

（11）　　　利用式（5–9）计算用户 u 对兴趣点 l_c 的兴趣评分 $S_{u,\,l_c}$；

（12）end for

（13）sort($S_{u,\,l_c}$)；　　　　　// 对候选兴趣点按评分高低进行排序

（14）return top-n POIs；

End

SLTP-AS 算法的性能分析：该算法查找用户所属类别和签到轨迹为顺序查找，其时间复杂度仅为 $o(n)$，n 为用户数量；签到轨迹划分需要判断签到记录时间戳是否在最近时间窗口 tw 内，其时间复杂度为 $o\left(\overline{|C^{tw}|}\right)$，$\overline{|C^{tw}|}$ 为用户平均最近时间窗口签到序列的长度。对于不活跃用户，需要查找相似用户和填充序列，其时间复杂度为 $o\left(|UC_{all}|+j^2\times n\times\overline{|C^{tw}|}^2\right)$，其中 $|UC_{all}|$ 为查找相似用户需要的时间，j 为评价相似用户数，填充序列需要的时间复杂度为 $o\left(j^2\times n\times\overline{|C^{tw}|}^2\right)$。用户长短期兴趣偏好建模的时间复杂性主要体现在模型训练过程中，模型训练成功之后对用户兴趣偏好建模则较快，其时间复杂度为 $o\left(\overline{|C^{hw}|}\times d^2\right)$，$\overline{|C^{hw}|}$ 为用户评价历史签到序列的长度。获取邻居兴趣点集合需要计算每个兴趣点与当前兴趣点的距离，其时间复杂度仅为 $O(|L|)$。而对邻居兴趣点进行评分和排序所需时间复杂度为 $o\left(\overline{|N_d|}^2\right)$，$\overline{|N_d|}$ 为平均邻居兴趣点的数量。从上述分析可以看出，该算法仅仅在处理不活跃用户近期时间窗口的签到序列时耗费时间，而在 LBSNs 中由于不活跃用户仅有一小部分，因此对整个系统的影响较小。

5.6　实验与评价

为了验证提出算法的有效性，把 Foursquare 和 Gowalla 两个历史签到数据集作为实验数据来源，分别从推荐精度、召回率、F_β 指标、时间平均绝对误差、训练集可扩展性等方面，对提出的算法和多个经典 POI 推荐算法进行实验对比分析和性能评价，从而验证提出的自适应兴趣点推荐算法的有效性。

5.6.1　实验基本设置

本章实验采用的两个数据集是 Foursquare 和 Gowalla，实验设置和数据集划分与第 3 章的相同。评估指标包括推荐精度、召回率、F_β 指标。本章使用了神经网络方法，因此实验是在 GPU 服务器环境上运行的，该服务器具有一个处理器（Intel i9-9900X，3.5 GHz，10 核 20 线程）和两个图形处理单元（GPU，MSI GeForce RTX 2080 Ti，11 GB），内存为 64 GB。服务器的操作系统为 Ubuntu 19.04（64 位）。实验代码的编程环境是 Python 3.7.3，同时使用 TensorFlow 1.10.1 作为实验的机器学习框架。

5.6.2 对比的 POI 推荐方法

为了评价本章提出的结合长短期兴趣偏好的自适应连续兴趣点推荐方法 SLTP-AS 的性能，通过签到行为活跃用户、不活跃用户和所有用户的三组实验来进行性能评估，对比的其他连续兴趣点推荐算法是 FPMC-LR、STELLAR、NEXT 和 ST-LSTM，具体的对比算法如表 5-1 所列。

表 5-1　对比的兴趣点推荐算法

POI 推荐算法	结合的因素	算法描述
FPMC-LR	序列影响、空间	基于马尔科夫链的个性化因式分解和本地区域约束的连续 POI 推荐算法
STELLAR	时间、空间	基于时空潜在排序张量分解的连续 POI 推荐
NEXT	时间、空间	融合多种因素和 DeepWalk 的神经网络框架
ST-LSTM	时间、空间、签到序列	融合时空因素和 LSTM 的神经网络模型
SLTP-AS	时间、空间、签到序列、用户长期和短期偏好	结合长短期兴趣偏好的自适应连续 POI 推荐模型

5.6.3 签到行为活跃用户的实验结果和分析

根据第 2 章 Foursquare 和 Gowalla 数据集聚类结果中的活跃用户，

从划分的测试集中选择活跃的用户记录作为本组实验的新测试集，训练集不变，分别运行 FPMC-LR、STELLAR、NEXT、ST-LSTM 和 SLTP-AS 五种连续兴趣点推荐算法，并对推荐结果进行性能评估。

在 Foursquare 和 Gowalla 数据集上，五种连续兴趣点推荐算法对签到行为活跃用户的 top-n（n=5，10，20）精度和召回率如图 5-9 所示。从图 5-9 可以看出，提出的 SLTP-AS 算法在两个数据集上的精度和召回率均优于对比算法。以图 5-9（a）中的精度结果为例，SLTP-AS 在 Foursquare 上的 top-5 精度比 FPMC-LR、STELLAR、NEXT 和 ST-LSTM 分别提高了 90.76%、60.61%、24.50% 和 11.27%，在 Gowalla 上分别提

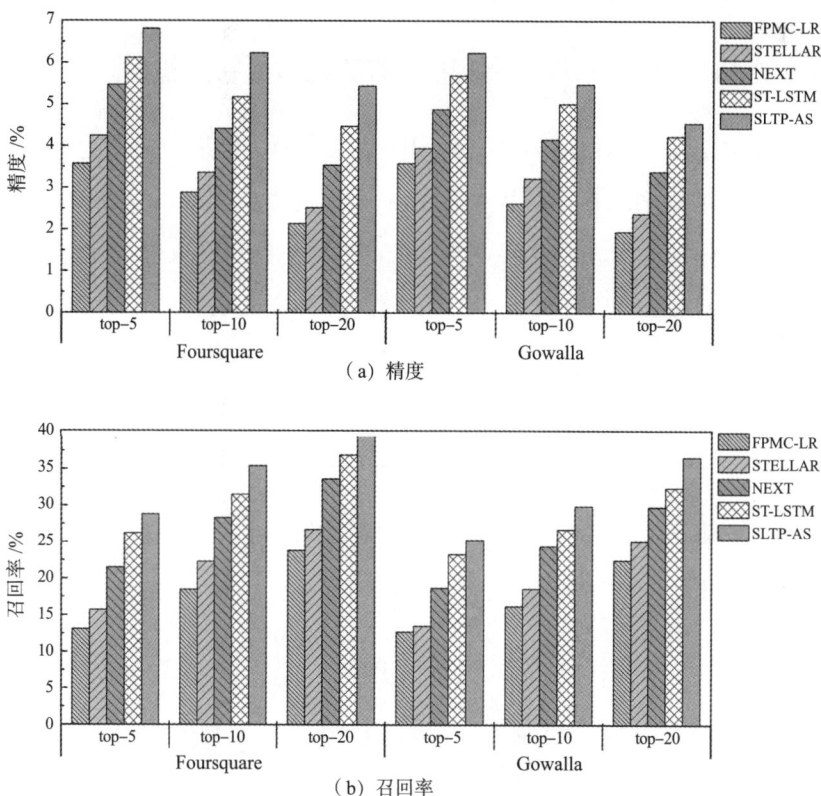

（a）精度

（b）召回率

图 5-9　连续 POI 算法对于活跃用户的推荐性能

高了 74.02%、58.12%、27.66% 和 9.49%。在图 5-9（b）中，SLTP-AS 在 Foursquare 上的 top-20 召回率比 FPMC-LR、STELLAR、NEXT 和 ST-LSTM 分别提高了 66.39%、48.31%、17.86% 和 7.32%，在 Gowalla 上分别提高了 62.67%、45.82%、22.82% 和 12.96%。这是因为对于活跃的用户，SLTP-AS 算法将用户的兴趣划分为了长期兴趣偏好和短期兴趣偏好，并且充分考虑了用户近期多个连续签到行为对下一个兴趣点选择的影响，通过对用户近期多个签到兴趣点的建模较准确地获取到了用户的短期兴趣偏好，相对于已有方法仅仅考虑将用户最新的一个签到兴趣点作为用户的短期兴趣偏好，SLTP-AS 算法则能够更加准确地建模用户的短期兴趣偏好，从而提高了推荐的性能。

5.6.4　签到行为不活跃用户的实验结果和分析

根据第 2 章 Foursquare 和 Gowalla 数据集聚类结果中的不活跃用户，从划分的测试集中选择不活跃的用户记录作为本组实验的新测试集，训练集不变，分别运行五种连续兴趣点推荐算法，并对结果进行性能评估。

在 Foursquare 和 Gowalla 数据集上，五种连续兴趣点推荐算法对签到行为不活跃用户的 top-n（n=5，10，20）精度和召回率如图 5-10 所示。

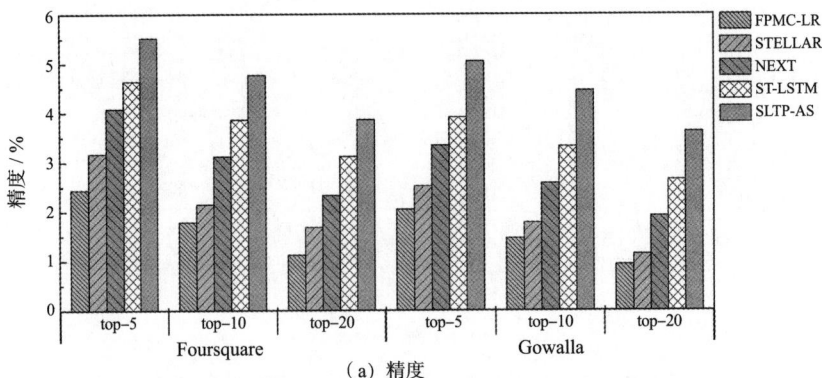

（a）精度

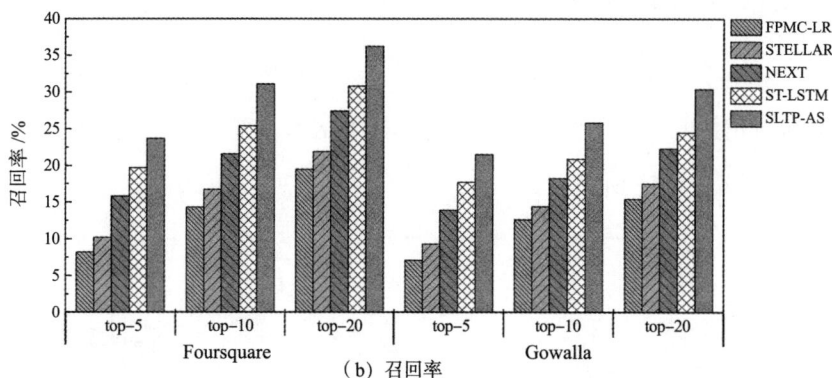

（b）召回率

图 5-10　连续 POI 算法对于不活跃用户的推荐性能

从图 5-10 可以看出，SLTP-AS 算法在两个数据集上的精度和召回率明显优于基准算法。从图 5-10（a）的精度结果可以看出，SLTP-AS 在 Foursquare 上的 top-5 精度比 FPMC-LR、STELLAR、NEXT 和 ST-LSTM 分别提高了 126.23%、74.13%、35.29% 和 18.97%，在 Gowalla 上分别提高了 146.34%、100.40%、51.20% 和 29.16%。在图 5-10（b）中，SLTP-AS 在 Foursquare 上的 top-20 召回率比 FPMC-LR、STELLAR、NEXT 和 ST-LSTM 分别提高了 85.64%、65.30%、32.12% 和 17.53%，在 Gowalla 上分别提高了 97.40%、73.71%、36.32% 和 24.08%。这是因为签到行为不活跃的用户，签到的兴趣点较少且相邻签到的时间间隔较长，已有方法直接对这些数据进行建模来获取用户的兴趣偏好，获取的用户兴趣偏好不准确，使得在推荐的精度和召回率方面效果不明显。而 SLTP-AS 算法利用活跃相似用户的近期签到记录来建模不活跃用户的短期兴趣偏好，通过借助相似活跃用户的近期兴趣偏好，有效弥补了不活跃用户签到轨迹序列较短的问题，从而有效提高了推荐的精度和召回率。

5.6.5 所有用户的实验结果和分析

依据划分的 Foursquare 和 Gowalla 实验训练集和测试集，对整个数据集的所有用户和签到数据，运行五种连续 POI 推荐算法，得出的精度和召回率结果如图 5-11 所示。

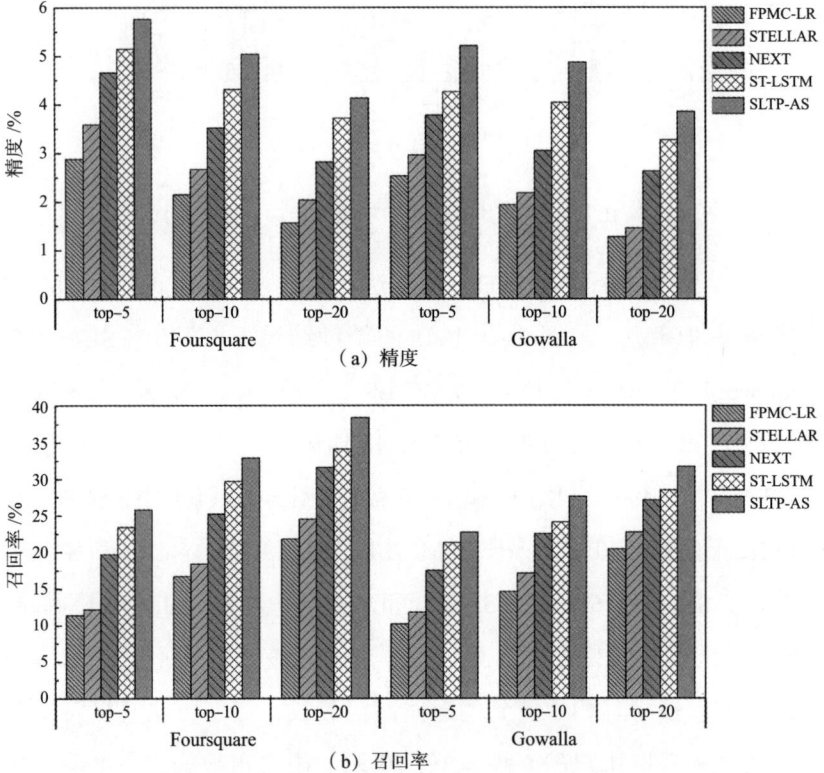

图 5-11 连续 POI 算法对所有用户的推荐性能

从图 5-11 可以看出，在相同条件下，SLTP-AS 的推荐性能最优。以 Foursquare 为例，SLTP-AS 的 top-5 精度是 FPMC-LR 的 2 倍，分别比 STELLAR、NEXT 和 ST-LSTM 提高了 60.45%、23.61% 和 11.84%；SLTP-AS 的 top-20 召回率分别比 FPMC-LR、STELLAR、NEXT 和 ST-LSTM 提高了 76.15%、56.73%、21.52% 和 12.61%。在 Gowalla 上，SLTP-AS 的 top-5 精度分别比 FPMC-LR、STELLAR、NEXT 和 ST-LSTM 提高了 105.93%、76.01%、

37.83% 和 22.30%，SLTP-AS 的 top–20 召回率分别提高了 55.39%、39.65%、16.97% 和 11.23%。

表 5–2 列出了两个数据集上五种连续兴趣点推荐算法的 F_β（β=1）指标结果，同样可以看出，提出的 SLTP-AS 算法的综合性能在相同条件下均优于其他算法。分析原因，是因为 SLTP-AS 算法既考虑了用户长期稳定的兴趣偏好，又考虑了用户短期的兴趣偏好，而短期兴趣偏好体现了用户兴趣的变化，能较准确地反映出下一个兴趣点的选择情况，同时 SLTP-AS 算法还针对签到行为不活跃的用户进行了特定处理策略，能够适应不同类型的用户，从而取得了最佳的推荐效果。

表 5–2　两个数据集上的 F_β 指标（β=1）

数据集	指标	FPMC-LR	STELLAR	NEXT	ST-LSTM	SLTP-AS
Foursquare	top–5	0.0460	0.0555	0.0754	0.0844	**0.0942**
	提高	104.80%	69.76%	24.95%	11.55%	
	top–10	0.0381	0.0466	0.0618	0.0753	**0.0874**
	提高	129.45%	87.44%	41.50%	16.12%	
	top–20	0.0291	0.0377	0.0518	0.0671	**0.0746**
	提高	156.14%	98.01%	44.03%	11.18%	
Gowalla	top–5	0.0405	0.0473	0.0622	0.0710	**0.0847**
	提高	109.03%	79.07%	36.32%	19.36%	
	top–10	0.0342	0.0387	0.0537	0.0692	**0.0828**
	提高	141.73%	114.10%	54.12%	19.64%	
	top–20	0.0239	0.0273	0.0479	0.0587	**0.0687**
	提高	187.15%	151.89%	43.20%	17.03%	

5.6.6　时间误差结果和分析

为了比较 POI 推荐算法的推荐时间误差，本节选择 8 种算法进行实验。对每个算法的 top–n 推荐结果和相应的测试集进行对比，利用评估指标中的式（5–17）和式（5–18）来计算时间平均绝对误差。图 5–12 描绘了 Foursquare 和 Gowalla 上所有用户的时间 MAE 值。如图 5–12 所示，在相同的情况下，APRA-SA、CTF-ARA、UTE 和 GTAG-BP 算法的时间平均绝对误差值低于 SB、UCF、SK 和 GT-BNMF 算法，表明前面四个算法的推荐时间误差较小。这是因为 APRA-SA、CTF-ARA、UTE 和 GTAG-BP 算法考虑了更多的时间因素。具体地说，APRA-SA 融合了兴趣点的时间感知流行度和相邻连续时间槽的平滑技术，并且在空间的一维幂律模型和二维高斯核密度估计模型中融入了时间因素。在 CTF-ARA 算法中，提取了时间因子的可变性和相关性特征，并将其用于相似度计算和时间平滑技术中。UTE 将时间因素与基于用户的协作过滤相结合，并使用所有时间槽来计算用户的相似度。在 GTAG-BP 算法中，基于时间和地理影响建立了关系图结构。相比之下，由于 SB、UCF、SK 和 GT-BNMF 算法中较少考虑时间因素，所以时间的平均绝对误差较大。

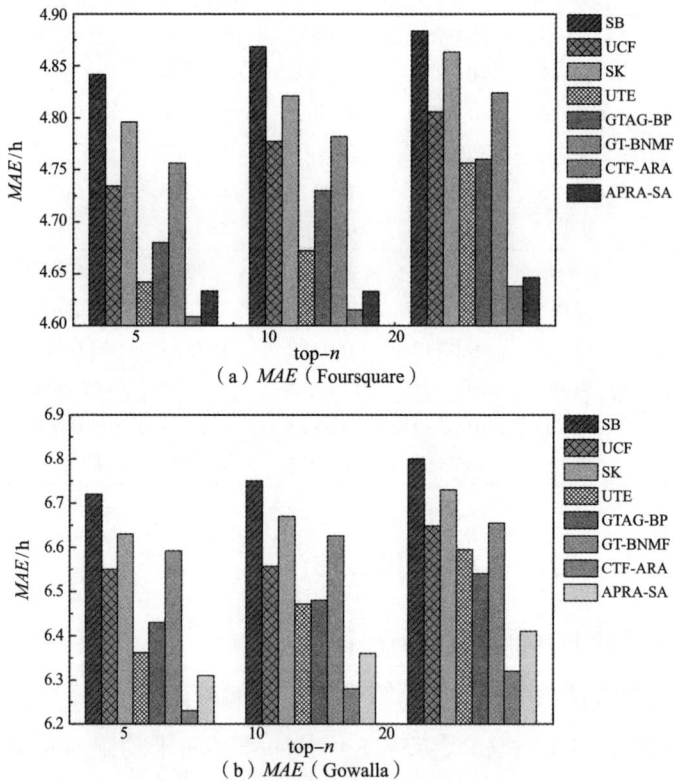

（a）*MAE*（Foursquare）

（b）*MAE*（Gowalla）

图 5-12　POI 推荐算法的时间平均误差

从图 5-12 中可以看出，两个数据集上每个算法的时间 *MAE* 结果从 top-5 到 top-20 逐渐增加，原因是在一个时间槽中推荐的兴趣点越多，可能会导致更大的时间误差。Gowalla 数据集上 8 个算法的时间 *MAE* 值（变化范围是从 4.6 h 到 4.9 h）高于 Foursquare 上各个算法的时间 *MAE* 值（变化范围是从 6.2 h 到 6.9 h），说明 8 种 POI 推荐算法在 Foursquare 数据集上的推荐时间绝对误差更小。原因是 Gowalla 比 Foursquare 更稀疏，这使得为用户推荐正确的访问时间变得更加困难。

5.6.7　训练集可扩展性分析

本节对训练集的可扩展性进行实验和分析，使用 Foursquare 和 Gowalla 两个不同大小的训练集，来运行 8 个 POI 推荐算法（SB、UCF、SK、UTE、GTAG-BP、GT-BNMF、CTF-ARA 和 APRA-SA），进行精度和召回率的比较。在对整个训练集按时间升序排序后，分别选择前 20%、40%、60% 和 80% 的记录数据作为每次运行算法的新训练集，测试集不变，来运行 8 个 POI 推荐算法。图 5-13 给出了在 Foursquare 和 Gowalla 上，不同大小的训练集规模下的 8 种 POI 推荐算法的性能。

如图 5-13 所示，随着训练集规模的增大，8 种算法的精度和召回率结果都呈现不同坡度的上升趋势。分析原因，是由于训练集在具有更多用户签到记录的条件下，POI 推荐算法就可以利用更多的签到信息来推断用户的偏好，从而使推荐性能得到提高。此外，从图 5-13 中还可以看出，训练集的大小对 UCF 算法影响不大。在训练集大小不同的两个数据集上，UCF 的精度和召回率的变化小于 1.1%。这是因为 UCF 根据用户之间访问的共同位置计算用户的相似性，然而由于数据的稀疏性，当签到记录的数量增加时，用户之间的共同访问地点的数量仍然很小。

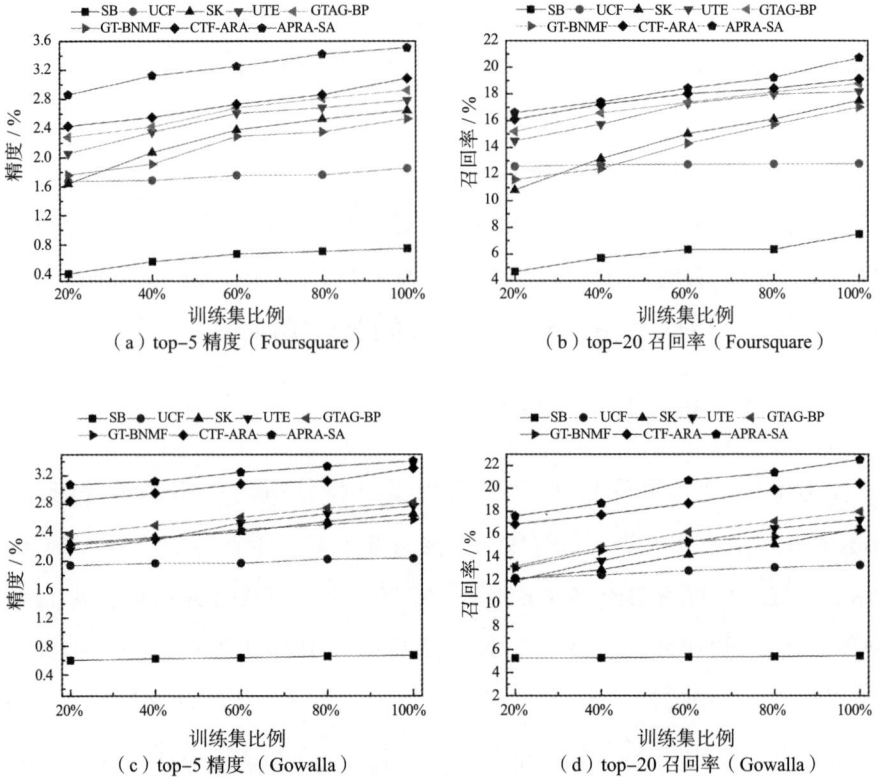

（a）top-5 精度（Foursquare）

（b）top-20 召回率（Foursquare）

（c）top-5 精度（Gowalla）

（d）top-20 召回率（Gowalla）

图 5-13　不同训练集规模下的算法推荐性能

5.7　所提算法之间的关联和对比

在第 3 章中，提出了基于时间特征和协同过滤的自适应 POI 推荐算法 CTF-ARA；在第 4 章中，提出了基于时空特征和概率模型的自适应 POI 推荐算法 APRA-SA；在第 5 章中，提出了结合长短期兴趣偏好的自适应连续兴趣点推荐方法 SLTP-AS。为了对提出的三种自适应 POI 推荐算法进行横向对比和分析，本节分别讨论算法之间的关联、算法性能对比、算法的优缺点及适应场景。

5.7.1　算法之间的关联

提出了 CTF-ARA、APRA-SA 和 SLTP-AS 三种不同的自适应兴趣点推荐算法，算法之间的关联如下。

（1）从整体的角度，三种算法都属于自适应兴趣点推荐算法的研究。具体来说，CTF-ARA 和 APRA-SA 是为用户在某一时刻进行的自适应兴趣点推荐，SLTP-AS 是根据当前签到的上下文信息来进行连续下一个兴趣点的自适应推荐。

（2）三种算法都是在第 2 章用户签到行为特征研究的基础上，来进行自适应兴趣点推荐算法的研究。自适应算法的思想都是针对不同签到行为特征的用户，采用相应不同的策略进行有效推荐。此外，三种算法均使用第 2 章的用户聚类结果，来进行推荐算法的相关实验。

（3）三种算法是逐渐深入开展的研究。首先，CTF-ARA 是针对基于用户协同过滤无法准确获取用户签到偏好的时间特征，缺乏自适应推荐策略的问题而提出的兴趣点推荐算法。其次，APRA-SA 是针对空间概率模型推荐方式较单一，并且与用户签到时间偏好的关联较弱问题而提出的兴趣点推荐算法。最后，SLTP-AS 是一种连续兴趣点推荐算法，针对的问题是难以准确体现用户的短期兴趣偏好和无法适用于签到行为不活跃的用户。

5.7.2　算法性能对比

为了对本章提出的算法进行性能对比，在 Foursquare 和 Gowalla 数据集上，给出三种算法的精度、召回率和 F_β（$\beta=1$）指标结果，如表 5-3 所列。在相同的数据集和 top-n（$n=5$，10，20）情况下，从表 5-3 可以得到如下结论。

（1）APRA-SA 算法的各个性能均优于 CTF-ARA 算法。原因是 APRA-SA 算法不仅利用相邻签到兴趣点的距离特征进行过滤候选兴趣点，还能够适应用户的签到行为特征，采用最适合的一维幂律函数或二

表 5-3　算法的推荐性能对比

指标		Foursquare			Gowalla		
		CTF-ARA	APRA-SA	SLTP-AS	CTF-ARA	APRA-SA	SLTP-AS
top-5	精度	0.0309	0.0351	0.0576	0.0331	0.0341	0.0521
	召回率	0.0952	0.1035	0.2580	0.1238	0.1287	0.2270
	F_β	0.0466	0.0524	0.0942	0.0522	0.0539	0.0847
top-10	精度	0.0221	0.0263	0.0504	0.0216	0.0251	0.0487
	召回率	0.1380	0.1543	0.3290	0.1601	0.1780	0.2760
	F_β	0.0380	0.0449	0.0874	0.0381	0.0440	0.0828
top-20	精度	0.0153	0.0197	0.0413	0.0140	0.0182	0.0385
	召回率	0.1911	0.2072	0.3840	0.2042	0.2252	0.3170
	F_β	0.0284	0.0359	0.0746	0.0262	0.0337	0.0687

维高斯核密度估计空间概率模型来进行推荐。此外，在模型中融入了时间因素和兴趣点流行度因素，均有助于提高推荐性能。相比之下，尽管CTF-ARA 对具有不同签到特征的用户采用不同的结合时间因素方法，但是忽略了地理因素的重要影响。

（2）SLTP-AS 算法的各个性能均是三种算法中最优的。原因是SLTP-AS 算法将用户的兴趣分为了短期兴趣偏好和长期兴趣偏好，采用了循环神经网络建模用户的长短期兴趣偏好特征，并且在建模过程中融入了时间和空间上下文信息对兴趣偏好的影响，大大提高了用户兴趣偏好获取的准确性。而且对签到记录较少的不活跃用户采用了序列填充策略，以相似活跃用户的近期签到信息来建模不活跃用户的短期兴趣偏好，有效弥补了不活跃用户签到序列较短从而无法提取其短期兴趣特征的问题。因此，SLTP-AS 算法具有较好的性能。

5.7.3　算法的优缺点及适用场景

CTF-ARA 是以时间因素和基于用户协同过滤方法为特色的自适应兴趣点推荐算法。优点是充分考虑时间因素对兴趣点推荐的影响，挖掘用户在时间维度上的签到偏好，在基于用户协同过滤中全面利用时间的可变性特征和相关性特征，而且能够针对签到行为不同的用户进行不同时间槽长度的用户相似度计算。所以 CTF-ARA 算法的时间误差相对较小，适用于对兴趣点的推荐时间要求较高的情况。然而，随着签到数据的增多，协同过滤方法中的用户相似度计算需要耗费更多的时间和空间代价，而且还存在没有考虑空间因素的缺点。例如，对经常出差或喜欢旅游的用户，适合采用 CTF-ARA 算法进行推荐。

APRA-SA 算法的主要特点是利用地理影响因素和空间概率模型方法来实现自适应兴趣点推荐。优点是充分考虑空间因素对兴趣点推荐的影响，挖掘用户签到兴趣点在空间维度上的特征关联。利用兴趣点的空间经纬度坐标，针对不同签到行为特征的用户，适应性地采用空间一维幂律函数概率模型和二维高斯核密度估计概率模型进行兴趣点推荐。此外，由于预先对候选兴趣点进行距离过滤处理，算法具有相对较好的运行效率。APRA-SA 算法的缺点是时间因素考虑得还不够充分，比 CTF-ARA 的时间误差大。综上所述，APRA-SA 算法适用于地理空间信息丰富的 LBSNs 兴趣点推荐，如对活动范围比较固定的用户进行推荐。

SLTP-AS 算法的特点是利用了用户的签到轨迹序列和签到时空上下文信息，采用循环神经网络 RNN 和 LSTM 来分别获取用户的短期兴趣偏好和长期兴趣偏好，依据用户的长短期兴趣偏好对候选兴趣点评分从而实现连续兴趣点推荐。算法的优点是能够动态获取用户的兴趣偏好，短期兴趣偏好较准确地体现了用户最近一段时间的兴趣，长期兴趣偏好则反映了用户长期稳定的兴趣；算法针对签到记录较少的不活跃用户采用了序列填充策略，以多个相似活跃用户的短期兴趣来反映不活跃用户的短期兴趣偏好，有效提高了对不活跃用户推荐的精度。因此，SLTP-AS算法既适用于签到记录较多的活跃用户，又适用于签到轨迹序列较短的不活跃用户和存在冷启动问题的推荐场景中，如对生活和工作比较有规律的IT行业等上班族用户进行的推荐。

5.8 本章小结

本章首先论述了连续兴趣点推荐的研究背景，给出了问题的详细描述，以及对连续行为的特征进行了提取和分析。其次，提出了一种结合长短期兴趣偏好的自适应连续兴趣点推荐算法，详细描述了自适应连续兴趣点推荐算法实现的框架，采用循环神经网络分别给出用户短期兴趣偏好和长期兴趣偏好建模的方法，并且针对签到行为不活跃的用户，提出了一种利用活跃相似用户的近期签到记录来建模不活跃用户短期兴趣偏好的方法，有效解决了不活跃用户连续签到轨迹序列较短和冷启动的问题。再次，设计了模型的目标函数和训练的方法，给出了自适应连续兴趣点推荐算法的具体实现过程。最后，进行了充分的实验与评价。在对实验的基本设置和对比的POI推荐算法进行描述后，从多组实验进行了实验和性能分析。在Foursquare和Gowalla数据集上的大量实验表明，本章提出的自适应兴趣点推荐方法在精度、召回率和F_β指标等方面均优于对比的POI推荐方法，具有较好的推荐性能。为了全面分析所提出的三种自适应兴趣点推荐方法的性能，从时间误差的角度和训练集可扩展性方面，对多个算法进行了深入实验和对比分析，并且对比分析了所提算法的性能、各自的优缺点及适用场景。

第6章　云边协同环境下自适应兴趣点推荐理论

综合前面各章对自适应兴趣点推荐的研究成果，结合目前云计算、边缘计算快速发展的背景，从整体架构的层面对自适应兴趣点推荐进行更为深入的研究，提出云边协同自适应兴趣点推荐架构、模型和算法的完整理论体系，助力兴趣点推荐的发展。

6.1　问题提出

6.1.1　研究背景

基于 LBSNs 的兴趣点推荐能够为移动用户提供多样性、个性化，并且从未访问过的地点，从而有效减轻信息过载为用户带来的选择困扰，有助于提升用户在社交网络和现实生活中的体验，还能够帮助商家挖掘潜在客户来进行广告推送。因此，兴趣点推荐成为当前研究的热点问题，受到了众多学者的广泛关注。

兴趣点推荐研究的关键问题是如何从海量 LBSNs 历史签到数据中挖掘出隐含的多维度特性，如用户兴趣偏好、时间特征、地理特征、社交关系、用户的群组特征及用户移动轨迹序列等，并将这些特征因素融合到兴趣点推荐模型中，采用协同过滤、矩阵分解、贝叶斯推理、高斯分布和深度学习等技术建模用户的兴趣偏好，来提高推荐精度和召回率等性能。已有工作主要集中在历史签到数据挖掘和兴趣点推荐算法设计方面，虽然有效促进了 LBSNs 兴趣点推荐的应用和发展，但是随着移动终端信息的多样化和处理能力的提高，现有兴趣点推荐方案还无法达到推荐结果的高性能和实时性，无法满足移动用户的需求，分析原因主要有以下两方面。

（1）基于云中心兴趣点推荐架构的局限性。目前，相关的签到数据挖掘、用户偏好学习和兴趣点推荐的所有过程都在 LBSNs 云中心进行集中式处理，再将推荐结果直接下发到用户手机 / 平板电脑终端。这种基于云中心的兴趣点推荐架构模式，采用所有用户的历史签到数据，较少考虑移动用户的实时上下文信息及其对推荐的影响，导致推荐结果的精度较低。此外，历史签到数据的指数级增长、签到数据自身结构存在的严重稀疏问题、特征建模和学习模型的复杂性和大量的计算需求，都给 LBSNs 云中心带来了超常的存储和计算负荷，导致推荐决策的延迟和低性能，影响用户的满意度。因此，如何突破现有兴趣点推荐架构的局限性，充分利用前沿热点技术来构建下一代新型兴趣点推荐架构，是目前面临的巨大挑战。

（2）已有的研究中，较少研究动态自适应的用户偏好学习模型和兴趣点推荐机制。LBSNs 用户具有各自不同的签到行为特征，有些用户的签到行为比较活跃，而有些非活跃用户只有少量签到数据，致使 LBSNs 用户的签到行为产生较大的差异性。现有兴趣点推荐方法没有考虑用户的签到行为特征及其多样性，均采用单一的用户偏好学习模型和兴趣点推荐算法对所有用户进行统一运算和推荐[148]，较少研究针对不同签到行为特征用户的适应性兴趣学习模型和自适应推荐策略，导致推荐算法灵活性较差，不能较好适用于签到行为不同的各类用户，降低了推荐精度和召回率。因此，如何结合多种特征因素，建立自适应的用户偏好学习模型和兴趣点推荐理论体系是当前研究亟待解决的关键问题。

综上所述，现有的云中心集中式兴趣点推荐体系架构不支持将推荐任务分解迁移出云中心，无法实现高效率、低延时及移动终端实时参与的兴趣点推荐。此外，现有兴趣点推荐的自适应用户偏好学习技术还不成熟，仍处于探索阶段，一些关键的科学问题和技术问题还尚未解决，仍缺乏系统明确的方法论指导，还不能完全满足兴趣点推荐算法的高性能需求。而现有的移动边缘技术（mobile edge computing, MEC）[149-150]能够实现网络边缘通信、用户实时信息、推荐计算的统一与融合，有效解决云中心兴趣点推荐架构存在的缺点。将移动边缘计算技术应用到推荐领域，能够通过数据的本地化来缓解云存储的压力，同时能够保护数据的隐私；能够通过计算的本地化来缓解云计算过载问题；能够有效降低通信成本，增强用户的交互和体验，降低运维成本和故障风险。因此，如何在移动边缘计算环境下，探索新型的兴趣点推荐框架，以及云边协同自适应的兴趣点推荐策略，成为了学术界和工业界的前沿研究热点。

为此，本章创新性地将移动边缘计算技术引入到兴趣点推荐中，通过 MEC 技术把 LBSNs 兴趣点推荐服务和云计算技术在网络边缘相结合，重点围绕云边协同环境下的自适应兴趣点推荐问题开展探索性、创新性研究，从而为用户提供实时、高性能的兴趣点推荐。面对新型云计算－边缘计算模式带来的巨大挑战，将重点从云边协同的自适应兴趣点推荐框架构建、云中心用户签到行为特征和自适应兴趣偏好分析及建模、边缘侧高效的自适应兴趣点推荐方法三大难题入手，建立一套云边协同兴趣点推荐框架、云中心用户签到行为特征建模和深度聚类方法、用户签到轨迹序列的自适应处理策略、用户长短期兴趣偏好的自适应学习模型、边缘侧物理邻居用户建模和自适应兴趣点推荐算法的完整理论体系。具体特色和创新之处在于：一是突破现有云中心兴趣点推荐架构，建立云边协同环境下的自适应兴趣点推荐框架；二是在新型框架下构建云中心基于签到行为特征的用户兴趣偏好"自适应"学习模型；三是提出边缘侧物理邻居用户模型进行协同推荐。新型的兴趣点推荐模式能够加入移动用户实时上下文因素，实现边缘参与计算和推荐，有效减少云中心的计算负担和推荐时延，提高兴趣点推荐性能和提升用户的满意度。

为增强兴趣点推荐算法的适应性，有效实现高性能的云边协同兴趣点推荐，提供了一种新的思路和解决方法。本章成果能够为推动 LBSNs 兴趣点推荐的进一步发展提供基础理论和关键技术支撑，促进兴趣点推荐在用户访问陌生城市或大型场所、共享单车寻找或投放等智慧城市场景的应用和蓬勃发展。因此，具有重要的科学意义和广阔的应用前景。

6.1.2 移动边缘计算在推荐领域的研究现状及发展动态

近年来，移动边缘计算技术在推荐领域取得了一些研究成果。Gong 等[151] 提出了一种边缘计算环境下用于朋友推荐的混合深度神经网络框架，利用隐狄利克雷分配主题模型生成用户间的共同兴趣主题，并把动态行为属性加入到卷积神经网络中，借助交互式语义和上下文增强功能进行社交好友推荐。Yin 等[152] 提出了采用自动编码器的移动边缘服务推荐 QoS 预测，把基于模型的协同过滤和基于邻居的协同过滤结合到一个集成模型中，能够产生更好的预测结果。在兴趣点推荐方面，Kuang 等[153] 研究了兴趣点推荐在移动边缘计算中的隐私保护问题，建立基于隐马尔科夫的用户签到序列模型，利用期望最大化算法估计模型中的参数。提出了一种加权噪声注入方法来保护用户的位置信息，基于正向算法根据用户当前位置预测用户的下一个移动位置，在准确获取兴趣点之间转换模式的同时保护用户的位置信息。Cao 等[154] 提出了一种边缘计算环境下的兴趣点推荐算法，首先在边缘服务器上使用贝叶斯个性化排序矩阵分解框架分析用户的个性化偏好，然后把云中存储的地理信息嵌入到框架中以获取候选兴趣点，最后利用个性化偏好函数和幂律分布，从候选兴趣点中向用户进行推荐。Gong 等[155] 设计了淘宝客户端的边缘推荐系统 EdgeRec，实现实时用户感知和实时系统反馈，是边缘计算在推荐系统中的首次应用尝试。推荐算法模型主要包含"端上实时用户感知"和"端上实时重排"两个模块，还提出了异构用户行为序列建模和基于行为注意网络的上下文感知重排序方法，以获取用户的不同兴趣并相应地调整推荐结果。

综上可以看出，移动边缘计算环境下的兴趣点推荐研究还处于探索阶段，在云边协同的兴趣点推荐架构、边缘侧的信息采集和计算、自适应的兴趣点推荐算法[156]等诸多方面，还需进行深入的研究。

6.1.3　研究的科学意义和现实意义

（1）科学意义。兴趣点推荐是在社交网络和海量地点的背景下，对传统商品、电影推荐的发展与延伸。现有兴趣点推荐在云中心集中处理的大框架下，致力于提高推荐结果的性能，主要研究如何采用数据挖掘技术、矩阵分解和深度学习等技术进行用户兴趣建模，并结合多种因素到兴趣点推荐方法中。虽然有效提高了推荐性能，但是没有突破 LBSNs 兴趣点推荐的原有架构，较少考虑移动用户端实时动态的上下文信息，在兴趣偏好学习模型和推荐机制方面的灵活性较弱。因此，本章对云边协同环境下的自适应兴趣点推荐方法及关键技术进行研究，是在目前普及的 5G 时代和日益突出的边缘参与计算的背景下，对现有兴趣点推荐架构及算法的拓展与延伸。本章的研究能够为实现云边协同环境下的自适应兴趣点推荐提供整体架构、关键技术和理论支撑，成果有助于揭示云边协同自适应兴趣点推荐体系的构建机理，为有效提高推荐性能和实现动态自适应兴趣点推荐提供了一种创新性思想和解决方案。综上所述，本章研究具有重要的科学意义。

（2）现实意义。兴趣点推荐不仅能为用户推荐感兴趣的地点，还能给商家带来利益。此外，兴趣点推荐还能应用到很多具体的场景中，例如，当用户去一个未访问过的陌生城市，能够通过兴趣点推荐获得符合其兴趣偏好的、高效满意的位置推荐服务；对于用户所在的城市，也可以推荐新的感兴趣地点给用户进行体验；商家对签到其实体店的用户发送广告或优惠券等；通过云中心的签到地点分布信息和用户数量等信息，结合边缘服务器收集到的实时路况等信息，能够为移动用户提供最优的共享单车／汽车选择方案，运营商可以高效地选择共享单车／汽车的投放位置和数量；在商场、博物馆等大型室内场所和展览、招聘会等活动，根据边缘收集的用户访问位置实时信息，学习得到用户兴趣偏好，进而为用户实时推荐感兴趣的地点；等等。综上所述，本章研究应用在智慧城市和智能推荐等领域，具有重要的现实意义和广阔的应用前景。

6.2 研究内容和创新之处

本章将聚焦实时高效的兴趣点推荐前沿热点问题，采用独辟蹊径的研究方法，构建云边协同环境下的自适应兴趣点推荐架构，并研究该架构下结合兴趣偏好和物理邻居关系的自适应兴趣点推荐理论及关键技术。主要从云边协同环境下的自适应兴趣点推荐框架、云中心用户签到行为特征分析及兴趣偏好自适应学习、边缘侧自适应兴趣点推荐方法三方面展开深入研究，具体内容如下。

6.2.1 云边协同环境下的自适应兴趣点推荐框架研究

为了实现云边协同的自适应兴趣点推荐，首先需要设计适用于"云中心－边缘侧－移动用户"环境下的兴趣点推荐系统的整体架构，研究内容包括：①研究云边协同环境下的自适应兴趣点推荐框架的实体组成，给出每个实体的具体定义，明确实体在整个框架中的角色以及各个实体间的关系；②针对面向用户签到行为特征的自适应兴趣点推荐需要解决的关键问题，研究云边协同的兴趣点推荐任务分配策略，以实现云中心和边缘侧的协同工作，共同完成用户偏好的学习和兴趣点的推荐；③在框架组成和任务分配策略的基础上，构建云边协同环境下的自适应兴趣点推荐整体框架，研究兴趣点推荐的整体实现过程，为后续研究提供架构支持。

6.2.2　云中心用户签到行为特征分析及兴趣偏好自适应学习的研究

由于云的中心化特征及其强大的计算和存储能力，将所有用户签到行为特征分析和用户兴趣偏好自适应学习功能划分到云中心，研究用户签到行为特征建模及深度聚类方法，并在提出用户签到轨迹序列自适应处理策略的基础上，研究采用不同深度学习模型的用户兴趣偏好自适应学习方法。具体研究内容包括以下四部分。

（1）用户签到行为特征的建模方法。为了有效进行用户聚类和偏好的自适应学习，需要充分挖掘用户签到行为特征及其相关性，具体研究：①基于多个 LBSNs 的用户历史签到数据集，探索刻画基于位置社交网络用户签到行为的特征要素，对不同特征要素进行分析概括，研究和制定特征分类的标准和原则，依据分类标准构建一个分层的多维用户签到行为特征模型。对于隐含的特征因子，给出具体的提取方法和量化标准；②利用关联分析算法，研究各个特征因子之间的关联程度，为偏好学习和兴趣点推荐提供重要依据。

（2）基于用户签到行为特征的深度聚类方法。针对用户签到行为数据的复杂性、高维度、大规模特点，在用户签到行为多维特征向量集的基础上，借鉴深度聚类思想，研究面向 LBSNs 用户的深度聚类算法，以有效划分不同签到行为特征的用户集群。通过多种深度聚类性能评价指标来分析用户聚类结果的质量，得到最优用户聚类等级的粒度并赋予用户聚类结果的含义说明，为进行自适应序列处理和用户偏好学习提供基础。

（3）用户签到轨迹序列的自适应处理策略。为了有效学习用户长短期兴趣偏好，需要把用户整个签到轨迹划分成近期签到轨迹序列和历史签到轨迹序列两类，具体研究：①针对不同签到行为特征的用户，分析签到轨迹的时间性影响，研究适合用户特征的时间窗口大小，更加准确反映用户的近期兴趣偏好和长期稳定的兴趣偏好，为长短期兴趣偏好学习提供签到轨迹序列分析依据；②针对用户近期签到轨迹序列较短和冷启动的问题，设计基于用户相似性特征的序列填充策略，利用签到行为活跃的相似用户近期签到轨迹序列填补签到行为不活跃用户的近期签到轨迹序列，以有效利用地点关联和用户关联。

（4）用户长短期兴趣偏好的自适应建模和学习。将用户连续行为特征、时间和空间特征的动态因子引入到用户兴趣偏好学习中，采用不同的深度学习方法，自适应地建模和学习用户短期与长期兴趣偏好。具体研究：①基于循环神经网络的用户短期兴趣偏好建模方法，将时间和空间距离特征的动态因子引入模型学习中，对用户近期签到轨迹序列进行分析和建模，以获取用户的短期兴趣偏好；②基于长短时记忆网络 LSTM 的用户长期兴趣偏好建模方法，通过结合时间特征，对用户历史签到轨迹序列进行分析和建模，以获取用户的长期兴趣偏好。综上，得到云中心的用户长短期兴趣偏好学习结果，为边缘侧的兴趣点推荐提供重要依据。

6.2.3　边缘侧自适应兴趣点推荐方法研究

为实现边缘侧与云中心的协同兴趣点推荐，本章将研究边缘侧真实物理空间中移动用户之间的关系，把相遇较多的邻居用户访问的地点作为一种推荐依据，结合云中心的用户长短期兴趣偏好共同完成兴趣点推荐。具体研究包括以下两部分。

（1）物理空间的邻居用户建模方法。探索和分析物理空间层面的LBSNs 移动用户关系及对推荐的影响性，构建周期性探测周围用户的感知策略，研究移动用户相遇表的构建和更新方法，实现边缘侧对移动用户实时上下文信息的获取。在此基础上建立物理空间的邻居用户模型，研究利用同一边缘侧内邻居用户访问地点的推荐模式。

（2）结合兴趣偏好和物理邻居关系的自适应兴趣点推荐方法。依据云中心的用户兴趣偏好学习结果，以及边缘侧的物理邻居用户关系，研究和设计自适应兴趣点推荐方法。在方法中充分结合用户兴趣偏好、物理邻居影响和用户所在边缘侧覆盖的地点范围，以实现高效实时的"云中心 – 边缘侧 – 移动用户"之间的协同自适应兴趣点推荐。

6.2.4　创新之处

（1）提出了云边协同进行兴趣点推荐的设想。现有兴趣点推荐方法都是在云中心集中处理的大框架下实现对用户的兴趣点推荐，不仅产生云中心负荷严重的问题，而且没有考虑移动用户实时上下文的影响。本章突破现有兴趣点推荐架构的局限性，提出移动边缘计算和云计算协同模式的兴趣点推荐框架及关键技术，为兴趣点推荐问题提出全新的解决方案。目前，将移动边缘计算引入兴趣点推荐的研究成果还未见相关报道。

（2）提出了基于签到行为特征的用户兴趣偏好自适应学习的设想。现有兴趣点推荐方法虽然采用多种特征来提高推荐性能，但是不能体现用户自身签到行为的多样性，没有对用户进行基于签到行为的聚类，导致不同签到行为的用户特征无法充分结合到偏好学习中。本章的用户签到行为建模将充分挖掘和分析用户自身的签到行为特征，用户深度聚类将有效区分用户签到行为的差异性；进而针对不同的行为特征，动态自适应地调整用户长短期签到轨迹，对较短的近期轨迹进行自动填充；结合时空等特征，采用不同的神经网络模型分别学习用户长期和短期偏好。充分体现了用户的签到行为多样性和兴趣偏好算法的自适应性，在这些方面目前还未见相关研究成果。

（3）提出了边缘侧物理邻居用户关系的兴趣点推荐设想。在云边协同的兴趣点推荐新型框架下，边缘侧实现物理空间的邻居用户建模以及对用户的兴趣点推荐。现有兴趣点推荐方法采用网络层面上的社交关系，不考虑用户的实际地理位置因素；采用的相似用户协同过滤方法，依据极为稀疏的用户历史签到数据来计算用户相似度，无法完全准确反映用户之间的相似关系。相比之下，真实物理空间中用户的实时相遇信息，更能准确和全面反映用户之间的共同兴趣特点，利用物理邻居用户访问过的地点为用户进行推荐，将能更好地提高推荐算法的准确性，具有较好的特色和创新点，目前还未见相关研究成果。

6.3 云边协同环境下自适应兴趣点推荐

6.3.1 总体研究方案和技术路线

本章在云边协同的自适应兴趣点推荐整体架构下，围绕"云中心 – 边缘侧 – 移动用户"中存在的三个挑战性问题展开研究，总体研究方案和技术路线如图 6-1 所示。

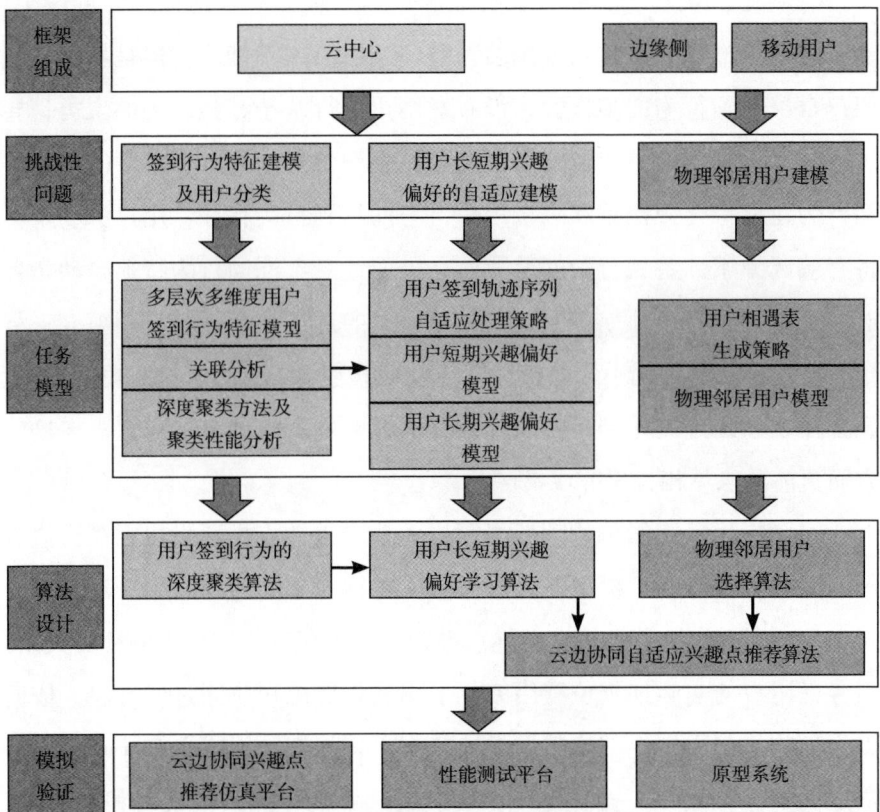

图 6-1 总体研究方案及技术路线图

首先，针对云中心的签到行为特征建模及用户分类问题，研究分层的多维用户签到行为特征模型及关联分析方法，给出具体特征的提取方法和量化标准。在此基础上设计用户签到行为深度聚类算法，并进行深度聚类性能分析。

其次，针对云中心的用户长短期兴趣偏好自适应建模问题，研究基于不同签到行为特征的用户签到轨迹序列自适应处理策略。在此基础上分别设计用户短期兴趣偏好模型和用户长期兴趣偏好模型。

再次，针对边缘侧的物理邻居用户建模问题，研究移动用户参与的用户相遇表生成策略，建立物理空间的邻居用户模型，设计相应的物理邻居用户选择算法，并结合用户长短期兴趣偏好，设计云边协同的自适应兴趣点推荐算法。

最后，在云边协同兴趣点推荐仿真平台上编程实现推荐算法，通过性能测试实验验证本章提出的算法和理论的有效性。进而搭建云边自适应兴趣点推荐的原型系统，在真实场景中进行实际应用验证。

6.3.2　云边协同环境下自适应兴趣点推荐框架

本章拟构建云边协同环境下的自适应兴趣点推荐框架，如图 6-2 所示。主要包含三类实体：云中心、边缘服务器和移动用户节点。云中心负责社交网络的部署和运行，具有的功能是所有用户历史签到记录管理、用户多维签到行为特征分析、用户深度聚类、签到轨迹序列自适应处理、用户长短期兴趣偏好自适应学习。边缘服务器是在物理位置上更接近于用户，具有一定计算和存储能力的网络设施，具有管理覆盖的地点和用户、物理邻居用户获取和自适应兴趣点推荐的功能。移动用户节点是 LBSNs 中的真实用户，实施签到操作和周围用户探测。

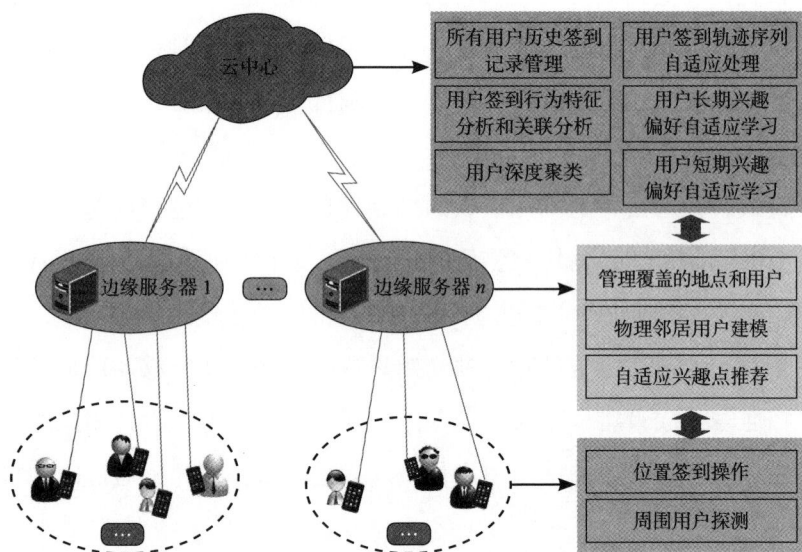

图 6-2 云边协同环境下的自适应兴趣点推荐框架

云边协同环境下的自适应兴趣点推荐实现过程描述为：用户进行 LBSNs 位置签到操作，签到记录通过边缘侧上传到云中心。云中心对所有用户的历史签到记录进行签到行为特征分析和用户深度聚类，针对不同签到行为特征的用户进行签到轨迹序列的自适应处理，在此基础上采用不同的深度学习模型进行用户长短期兴趣偏好自适应学习。通过移动用户探测周围相遇的用户，边缘侧采用物理邻居用户模型，结合云中心的兴趣偏好学习结果，协同对边缘侧覆盖的地点进行概率预测，实现对接入用户的兴趣点推荐。

6.3.3 云中心用户特征分析及兴趣偏好自适应学习

云中心主要围绕用户签到行为特征分析及兴趣偏好的自适应学习展开研究，框架如图 6-3 所示。

首先从数据获取入手，主要利用 LBSNs 长期的用户历史签到数据进行用户偏好学习。但是，考虑到历史签到数据存在严重的数据稀疏问题，而且签到记录中只包括用户 ID、地点 ID、地点的经度和纬度坐标、时间、日期

ID 这 5 个有限的字段信息，仅仅基于签到记录不能够充分利用位置信息的优势。因此，采用 LBSNs 用户历史签到数据为主，数据扩充为辅的方案，结合 LBSNs 用户社交关系、地图知识与百科知识，对原有历史签到数据集进行关联的知识扩展。具体实现方案是利用 LBSNs 用户社交关系，得到用户之间的朋友关系数据。加入用户在基于位置服务软件（如百度地图、高德地图）中的轨迹路线数据和查找访问的地点数据，从而有益扩充稀疏的用户签到数据。在地点数据中添加类别、地址等百科知识，有助于进行个性化分析和推荐。

其次，在扩充后的数据基础上进行用户签到行为的特征建模，通过多层次多维度的用户签到行为特征挖掘和基于 FP-growth 算法的关联分析，充分挖掘数据中蕴含的对偏好学习和推荐有价值的信息。

再次，依据用户签到行为特征，采用深度聚类算法 DEC 对用户进行划分，通过深度聚类性能评估得到最优用户聚类结果，以有效区分签到行为特征明显不同的用户类别。

最后，结合用户签到特征和关联，对用户签到轨迹序列进行自适应处理，并采用不同的深度学习模型进行用户兴趣偏好的自适应建模和学习，为边缘侧的兴趣点推荐提供重要依据。

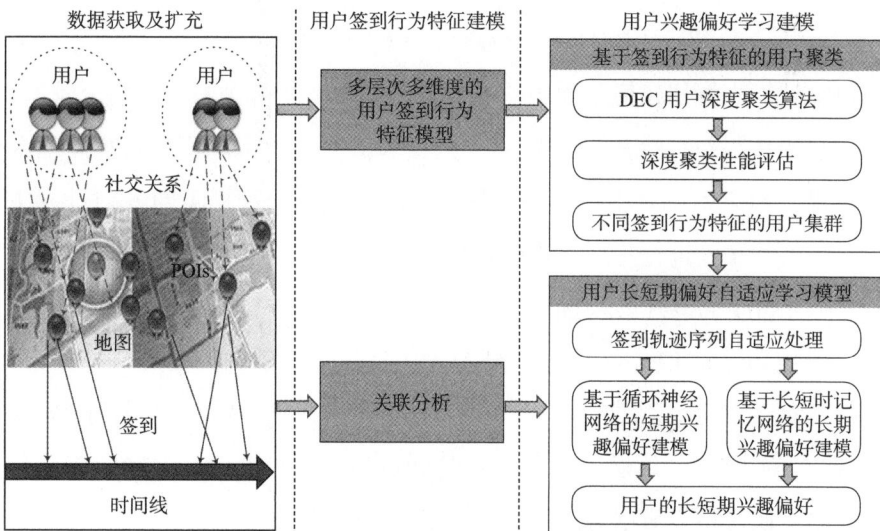

图 6-3　云中心用户签到行为特征分析及兴趣偏好自适应学习框架

本章对云中心用户兴趣偏好的自适应学习策略进行研究，"自适应性"这一特色功能的具体实现方案如下。一方面，通过分析用户签到行为特征，能够自适应地动态处理不同类别用户的签到轨迹序列。具体来说，对于不同签到行为特征的用户，将其签到轨迹序列按照自适应的时间窗口大小，分为近期签到轨迹序列和历史签到轨迹序列。对于签到行为不活跃的用户，针对时间窗口内的近期签到记录较少的问题，采用序列填充的方法，将活跃相似用户的近期签到记录填充到不活跃用户的近期签到轨迹序列中，从而能够有效推理不活跃用户的短期兴趣偏好。另一方面，采用不同的深度学习模型进行用户长短期兴趣偏好的自适应建模。具体来说，采用循环神经网络模型 RNN 对用户近期签到轨迹序列进行建模，同时考虑时间和距离上下文的影响，以有效获取用户的短期兴趣偏好；采用长短时记忆模型 LSTM 对用户历史签到轨迹序列进行建模，同时结合时间因素对用户长期兴趣的影响，以有效获取用户的长期兴趣偏好特征。

6.3.3.1 用户签到行为特征建模

为了充分挖掘 LBSNs 海量数据中蕴含的对推荐有价值的信息，把用户签到行为特征建模分为用户签到行为特征挖掘和关联分析两个模块，为后续工作提供研究基础。例如，把提取出的时间特征和空间特征融入循环神经网络中，对用户短期兴趣偏好进行建模；利用不同签到行为用户之间的关联，进行签到轨迹序列填充处理等。

（1）用户签到行为特征挖掘模块。采用数据挖掘和概率统计理论，深入分析和探索 LBSNs 历史签到数据中反映用户签到行为的特征要素，依据特征的类别，拟构建一个多层次多维度的用户签到行为特征模型，实现方案如图 6-4 所示。模型采用签到行为特征粒度由粗到细的逐层分级策略，使得特征模型的层次比较明确，易于理解。

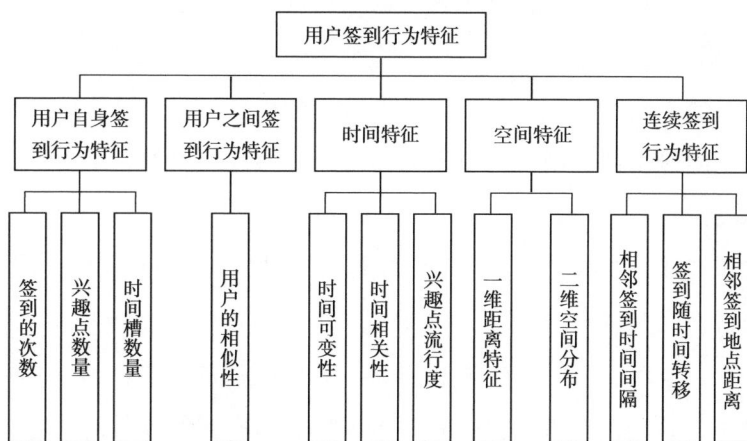

图 6-4　用户签到行为特征模型

用户签到行为特征拟分为以下五类：

用户自身签到行为特征：用于反映用户的个性化签到偏好，具体包括签到的次数、兴趣点数量和时间槽数量三个维度，分别体现用户整体签到行为的活跃程度，用户访问兴趣点的广度和丰富程度、用户在时间方面的签到广度。

用户之间签到行为特征：用于衡量用户之间签到偏好的相似程度，因为一些用户在相同的地点进行访问并签到，表示他们具有相同的爱好。

时间特征：用于反映用户在时间维度上的签到变化规律，用户的签到行为偏好在不同时间既具有差异性，又具有相关性。因此，时间的可变性表示用户在一天的不同小时中具有不同的访问和签到偏好，时间的相关性描述用户在相邻时间槽签到的相关程度。兴趣点的流行度即兴趣点的受欢迎程度，包括所有时间的整体访问频率和指定时间段内被用户访问的频率两部分。

空间特征：反映用户签到的地点在一维距离方面的特征，距离相近的兴趣点有很强的相关性，并且用户在访问时更加倾向于距离其较近的兴趣点；利用经度和纬度反映地点在二维空间分布方面的特征，完全根据用户签到数据样本自身蕴含的特点和性质，来拟合签到地点的分布特征。

连续签到行为特征：对不同签到行为的用户，分别提取用户相邻签到的时间间隔特征、用户历史签到随时间转移特征和用户相邻签到兴趣点的距离特征。

（2）关联分析模块。采用基于频繁模式树（frequent pattern tree）的关联分析算法 FP-growth，从大量离散的签到数据中，挖掘不同行为用户的相关性、地点的相关性等规律。FP-growth 算法的主要思想是：通过两次扫描用户签到数据库，将代表频繁项集的用户签到数据、兴趣点数据按照支持度降序压缩存储在频繁模式树中，每条数据中的项之间的关系被保留在频繁模式树中。在以后发现频繁模式的过程中，不需要再扫描用户签到数据库，而仅在 FP-Tree 中进行查找即可。然后将频繁模式树按照条件模式拆分成一组条件频繁模式树，并分别挖掘这些条件频繁模式树。通过递归调用 FP-growth 的方法来直接产生频繁模式，整个发现过程中不需产生候选模式。

6.3.3.2　基于用户签到行为特征的深度聚类

传统的聚类算法包括基于分区的方法（如 K-means 等）、基于密度的方法（如 DBSCAN 等）、分层方法（如 BIRCH 等）、基于网格的方法（如 STING 等）、基于模型的方法（如 COBWEB 等），已经比较成功地解决了低维数据的聚类问题。但是，在 LBSNs 兴趣点推荐的现实应用中，由于历史签到记录、用户、地点等数据具有复杂性、高维度、大规模的特点，如果使用传统聚类方法会遇到两个问题：一是高维数据集中存在大量无关的属性，使得在所有维度中存在簇的可能性几乎为零；二是高维空间的数据分布更加稀疏，数据间距离几乎相等是普遍现象，而传统聚类方法是基于距离进行聚类的，因此在高维空间中无法基于距离来构建簇。针对传统聚类方法在高维数据上的性能较差、在大规模数据集上的计算复杂度较高、使用相似性度量方法的效率低下问题，本章采用深度聚类（deep embedded clustering，DEC）思想，在学习使用深度神经网络的用户特征表示向量的同时，对用户进行聚类分配。基于用户签到行为特征的深度聚类核心思想是：首先训练用户的嵌入表示，把编码器网络提取的特征用作聚类模块的输入；然后使用模糊 C 均值聚类算法（fuzzy C-means，FCM）对用户进行特征聚类。

深度聚类的具体实现包括两个模块：

（1）嵌入表示模块，使用自动编码器进行参数初始化。由于 LBSNs 用户的属性是离散特征的取值，因此在数据预处理阶段，对用户采用高维度的独热编码（one-hot encoding）进行表示。设 $X=\{x_i\}_{D \times N}$ 为用户的表示向量，其中 D 表示向量维度，N 表示用户个数。

（2）聚类模块，即参数优化模块，采用模糊 C 均值聚类算法对用户进行签到行为聚类，并利用 PURITY、NMI、RI、ARI 指标对深度聚类效果进行评估，从而得到最优用户聚类结果。FCM 算法是一种柔性的模糊划分，通过优化目标函数得到每个样本点对所有类中心的隶属度，从而决定样本点的类属以达到自动对样本数据进行分类的目的。FCM 算法应用最广泛且较成功，其"最小化类间相似性，最大化类内相似性"的思想，更适用于 LBSNs 用户签到行为的划分。

6.3.3.3　用户签到轨迹序列的自适应处理

为了建模用户的长短期兴趣偏好，需要把用户整个签到轨迹按时间窗口 tw 划分成近期签到轨迹序列和历史签到轨迹序列，采用适应用户签到行为特征的动态时间窗口 tw 来划分签到轨迹序列。此外，在 LBSNs 中存在部分用户活跃度较低，在时间窗口 tw 内的签到记录较少，模型很难准确获取这部用户的短期兴趣偏好。那么通过一些活跃相似用户的短期兴趣偏好能够较准确地推理出不活跃用户的短期兴趣偏好。采用轨迹序列填充的方法，将活跃相似用户的近期签到记录填充到不活跃用户的近期签到轨迹序列中，以有效利用地点关联和用户关联，解决用户近期签到轨迹较短和冷启动的问题。

6.3.3.4 用户长短期兴趣偏好的自适应学习

在云中心进行用户长短期兴趣偏好的自适应学习模型，如图 6-5 所示。

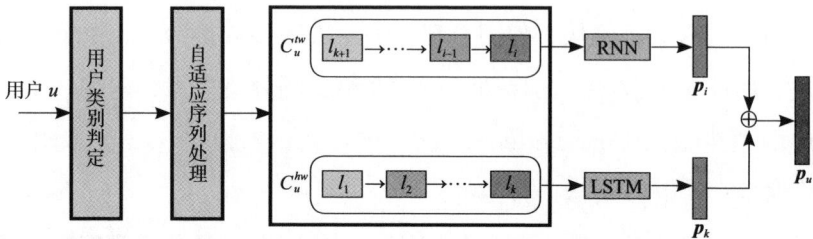

图 6-5 用户长短期兴趣偏好的自适应学习模型

基本思想是通过分析当前用户所属的类别，能够自适应地处理不同类别用户的签到轨迹序列，将用户的签到轨迹序列按照时间窗口 tw 的大小，分为近期签到轨迹序列 C_u^{tw} 和历史签到轨迹序列 C_u^{hw}。对于近期签到轨迹序列较短的不活跃用户，则采用序列填充方法将其活跃相似用户的近期签到记录，填充到其近期签到轨迹序列中。进而采用循环神经网络模型分别对这两个签到轨迹序列进行建模，具体使用循环神经网络模型对近期签到轨迹序列建模，并且将序列中隐含的时间上下文和距离上下文信息融合到了模型中，以有效地获取用户 u 的短期兴趣偏好的特征表示 $p_i \in \mathbb{R}^d$；使用融合时间因素的长短时记忆网络模型 LSTM 对历史签到轨迹序列建模，得到用户 u 的长期兴趣偏好的特征表示 $p_k \in \mathbb{R}^d$。最后得到用户的长短期兴趣偏好结果 $p_u = p_i + p_k$，$p_u \in \mathbb{R}^d$。

6.3.4　边缘侧自适应兴趣点推荐

（1）物理邻居用户建模的研究方案与技术路线。真实物理空间中用户的实时相遇信息，更能准确和全面反映用户之间的共同兴趣特点。因此，本章采用移动用户的周期性探测周围用户的感知策略，把用户相遇信息存储在边缘侧的用户相遇表中，在此基础上进行物理邻居用户选择策略，计算这些物理邻居用户访问过地点的概率值为用户进行推荐。物理邻居用户建模过程如图 6-6 所示。移动用户在边缘侧覆盖的地点进行访问，须进行 LBSNs 签到操作，只需要周期性开启感知周围用户服务，就可以把当前时刻物理位置邻近的用户信息存储在用户相遇表中。用户相遇表包含地点、相遇日期时间、在该地点的用户等信息，由边缘服务器完成构建、存储和更新功能。物理邻居用户选择策略的思想是，根据用户相遇表数据信息，计算推荐的目标用户 u 与本边缘侧其他用户 $v \in U_{\text{edge}}$ 的兴趣偏好程度，然后选出兴趣偏好程度较高的用户形成物理邻居用户集合 GU，计算 GU 中用户访问地点的概率值，作为推荐的依据。

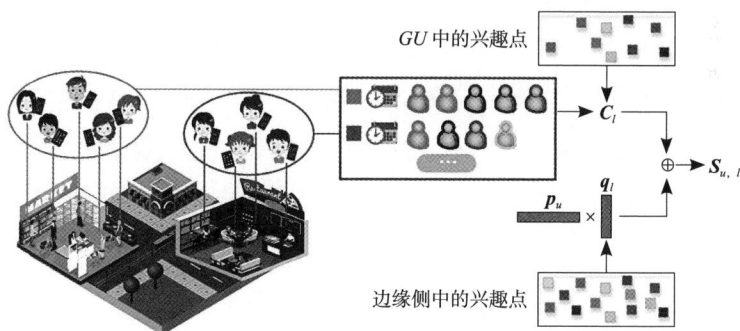

图 6-6　结合物理邻居用户和兴趣偏好的兴趣点推荐模型

对于同一个边缘侧的用户 u，$v \in U_{\text{edge}}$，地点 $l \in L_{\text{edge}}$，用户 u 和用户 v 的兴趣偏好程度 $S_{u,v}$ 综合考虑相遇次数和时间间隔因素，如式（6-1）所示。$r_{u,v,l}$ 是一个二进制值，表示用户 u 是否在地点 l 与用户 v 相遇，如果用户相遇表中存在这样的记录，则 $r_{u,v,l}=1$，否则 $r_{u,v,l}=0$。Δt 表示相遇时刻与当前时刻的时间间隔，Δt 越大，说明二者相遇时间比较久远，对当前推荐的参考价值较低；反之，Δt 越小，越能说明两个用户近期的兴趣偏好，参考价值越高。

$$S_{u,v} = \sum_{l \in L_{\text{edge}}} \frac{r_{u,v,l}}{\Delta t} \quad (6\text{-}1)$$

计算用户 u 访问兴趣点 l 的推荐概率值 C_l，如式（6-2）所示。$r_{v,l}$ 是一个二进制值，表示用户 v 是否访问过地点 l，访问过则 $r_{v,l}=1$，未访问则 $r_{v,l}=0$。

$$C_l = \frac{\sum_{v \in GU} \left(S_{u,v} \times \sum_{l \in L_{\text{edge}}} r_{v,l} \right)}{\sum_{v \in GU} S_{u,v}} \quad (6\text{-}2)$$

（2）结合兴趣偏好和物理邻居关系的自适应兴趣点推荐方法的研究方案。LBSNs 中存在大量的兴趣点，如果没有考虑用户当前所在位置，将所有兴趣点都作为候选兴趣点进行概率计算和推荐，不仅计算开销巨大，还会产生推荐兴趣点较远无法访问的问题，影响推荐的准确率。在边缘侧的兴趣点推荐中，本章采用概率预测方法，针对本边缘侧覆盖的兴趣点，给出一种结合用户兴趣偏好和物理邻居关系的自适应连续兴趣点推荐方法。边缘侧兴趣点推荐模型如图 6-6 所示。$l \in L_{\text{edge}}$ 表示本边缘侧覆盖的兴趣点，$q_l \in \mathbb{R}^d$ 为兴趣点 l 的嵌入表示，是一个 d 维度的特征向量。依据云中心学习得到的用户长短期兴趣偏好 p_u，计算得到用户 u 对兴趣点 l 的兴趣评分 $p_u^{\mathrm{T}} q_l$。如果兴趣点 l 与用户兴趣点偏好比较一致，那么两个特征表示向量对应维度的值就比较接近，因此两个向量在进行运算之后得到的兴趣评分较高，否则较低。最后结合物理邻居用户访问

地点的概率值 C_l，共同计算得到用户 u 访问兴趣点 l 的推荐概率 $S_{u,\,l}$，如式（6–3）所示。

$$S_{u,\,l} = \boldsymbol{p}_u^{\mathrm{T}} \boldsymbol{q}_l + \boldsymbol{C}_l \qquad (6–3)$$

地点的推荐概率越大，表示用户越可能要访问该兴趣点。为了提高兴趣点推荐的成功率，边缘服务器将其覆盖的兴趣点按照推荐概率值 $S_{u,\,l}$ 进行降序排序，选 top-n 个概率值最高的兴趣点推荐给用户 u。

6.4　原型系统搭建及应用

搭建"云中心 – 边缘侧 – 移动用户"的协同推荐环境，实现本章提出的云边协同自适应兴趣点推荐架构。建立自适应兴趣点推荐的原型系统，具体体现在分别编程实现云中心的用户特征分析和长短期兴趣偏好的自适应学习、边缘服务器的物理邻居用户关系分析和兴趣点推荐、移动用户端的数据采集和信息反馈等一系列方面。

为更好地实现协同数据处理和应用部署，云中心实现方案拟采取租借现有服务商提供的云服务平台的方式，如华为云、阿里云、腾讯云等。利用云平台的计算和数据存储功能，搭建包含用户、地点、历史签到记录等信息的数据库，部署用户特征分析和长短期兴趣偏好自适应学习等功能和算法。边缘计算服务器的实现同样采取租借方式，如中兴边缘计算服务器 ES600S MEC、阿里云边缘容器 ACK@Edge 等。在边缘计算服务器上部署物理邻居用户关系分析和兴趣点推荐等算法，实现与用户终端设备、云平台的数据衔接、存储分析等功能。移动用户终端采用基于安卓平台开发兴趣点推荐 App 的实现方式，将位置签到、周围用户探测、兴趣点推荐、满意度评价等功能融入 App 中，在移动用户终端真实运行。

在搭建原型系统之后，结合现实场景进行应用，通过反馈的用户满意度、推荐准确率、推荐时间等指标，验证和评价提出的理论和技术方法。拟选取面向餐饮、旅游、商业场所的应用领域，采集用户一段时间内的真实签到数据作为数据集，利用理论形成的原型系统，为用户进行兴趣点推荐。重要的是，在推荐之后，收集用户真实访问的地点和用户对推荐的满意度评价，作为重要反馈信息，用作推荐性能的分析。

6.5 本章小结

随着移动终端信息的多样化和处理能力的提高，LBSNs 兴趣点推荐日益关注推荐结果的高性能、实时性和用户满意度。本章针对目前云中心集中式兴趣点推荐架构的局限性，以及现有方案缺乏动态自适应的用户偏好学习模型和兴趣点推荐机制问题，对云边协同环境下的自适应兴趣点推荐方法及关键技术展开了创新性研究。首先，突破云中心架构，构建云边协同环境下的自适应兴趣点推荐框架，研究兴趣点推荐任务分配策略。其次，研究云中心用户签到特征分析和兴趣偏好自适应学习方法，包括在多维签到行为特征建模和关联分析基础上，给出用户深度聚类方法；研究签到轨迹序列的自适应处理策略，分别采用结合时空特征的循环神经网络和长短时记忆网络建模用户的短期和长期偏好。最后，构建边缘侧物理空间的邻居用户模型，提出结合兴趣偏好和物理邻居关系的自适应兴趣点推荐方法。通过上述研究，建立云边协同自适应兴趣点推荐架构、模型和算法的完整理论体系，助力兴趣点推荐发展。

参考文献

[1]   QIAN T Y, LIU B, HONG L, et al. Time and location aware points of interest recommendation in location-based social networks[J]. Journal of computer scienceand technology, 2018,33(6): 1219-1230.

[2]   TANG L, CAI D D, DUAN Z T, et al. Discovering travel community for POI recommendation on location-based social networks[J]. Complexity, 2019: 1-8.

[3]   YUAN Q, CONG G, ZHAO K, et al.Who, where, when, and what: a nonparametric bayesian approach to context-aware recommendation and search for twitter users[J]. ACM transactions on information systems, 2015, 33(1): 1-33.

[4]   GAO R, LI J, DU B, et al. Exploiting geo-social correlations to improve pairwise ranking for point-of-interest recommendation[J]. China communications, 2018, 15(7): 180-201.

[5]   CAO G, CUI S, JOE I. Improving the spatial-temporal aware attention network with dynamic trajectory graph learning for next point-of-interest recommendation[J]. Information processing & management, 2023, 60(3): 103335.

[6]   GUTIERREZ A, O'LEARY S, RANA N P, et al. Using privacy calculus theory to explore entrepreneurial directions in mobile location-based

advertising: identifying intrusiveness as the critical risk factor[J]. Computers in human behavior, 2019, 95: 295-306.

[7] XU Y, LI Y, YANG W, et al. A multi-factor influencing POI recommendation model based on matrix factorization[C] //Proceedings of the 10th International Conference on Advanced Computational Intelligence(ICACI), Xiamen, 2018: 514-519.

[8] BARAL R, LI T. Exploiting the roles of aspects in personalized POI recommender systems[J]. Data mining and knowledge discovery, 2018, 32(2): 320-343.

[9] GAO H, TANG J, HU X, et al. Content-aware point of interest recommendation on location-based social networks[C] //Proceedings of the 29th AAAI Conference on Artificial Intelligence, Austin, Texas, 2015: 1721-1727.

[10] LIU X, YANG Y, XU Y, et al. Real-time POI recommendation via modeling long-and short-term user preferences[J]. Neurocomputing, 2022, 467: 454-464.

[11] GAO H J. Personalized POI recommendation on location-based social networks[D]. Phoenix: Arizona State University, 2014.

[12] HASHIM-JONES J, WANG C, ISLAM M S, et al. Interdependent model for point-of-interest recommendation via social networks[C] //Proceedings of the 29th Australasian Database Conference(ADC), Gold Coast, 2018, 10837: 161-173.

[13] XING S N, LIU F G, ZHAO X H, et al. Points-of-interest recommendation based on convolution matrix factorization[J]. Applied intelligence, 2018, 48(8): 2458-2469.

[14] LI J, CAI T, MIAN A, et al. Holistic influence maximization for targeted advertisements in spatial social networks[C] //Proceedings of the 34th

IEEE International Conference on Data Engineering(ICDE), Paris, 2018: 1340-1343.

[15] WANG J, BAGUL D, CHU J, et al. Mining place-time affinity to improve POI recommendation [C] //Proceedings of the 8th IEEE International Conference on Information and Computer Technology(ICICT), DeKalb, Illinois, 2018: 22-26.

[16] LIU B, XIONG H. Point-of-interest recommendation in location based social networks with topic and location awareness[C] //Proceedings of the 13th SIAM International Conference on Data Mining, Austin, Texas, 2013: 396-404.

[17] YU Y H, CHEN X G. A survey of point-of-interest recommendation in location-based social networks[C] //Proceedings of the 29th AAAI Conference on Artificial Intelligence, Austin, Texas, 2015: 53-60.

[18] YIN H, CUI B, CHEN L, et al. Modeling location-based user rating profiles for personalized recommendation[J]. ACM trans on knowledge discovery from data, 2015, 9(3): 1-19.

[19] ZHAO S L, KING I, LYU M R. Aggregated temporal tensor factorization model for point-of-interest recommendation[J]. Neural processing letters, 2018, 47(3): 975-992.

[20] ZHU J H, WANG C, GUO X, et al. Friend and POI recommendation based on social trust cluster in location-based social networks[J]. EURASIP Journal on wireless communications and networking, 2019, 2019(1): 1-12.

[21] SANSONETTI G. Point of interest recommendation based on social and linked open data[J]. Personal and ubiquitous computing, 2019, 23(2): 199-214.

[22] ZHANG Z B, ZOU C, DING R F, et al. VCG: exploiting visual contents

and geographical influence for point-of-interest recommendation[J]. Neurocomputing, 2019,357: 53-65.

[23] CUI C, SHEN J, NIE L, et al. Augmented collaborative filtering for sparseness reduction in personalized POI recommendation[J]. ACM transactions on intelligent systems and technology, 2017, 8(5): 1-23.

[24] ZHANG Z Y, LIU Y, ZHANG Z J, et al. Fused matrix factorization with multi-tag, social and geographical influences for POI recommendation[J]. World wide web-internet and web information systems, 2019, 22(3): 1135-1150.

[25] YIN H, ZHOU X, SHAO Y, et al. Joint modeling of user check-in behaviors for point-of-interest recommendation[C] //Proceedings of the 24th ACM International on Conference on Information and Knowledge Management, Melbourne, 2015: 1631-1640.

[26] GRIESNER J B, ABDESSALEM T, NAACKE H, et al. ALGeoSPF: a hierarchical factorization model for POI recommendation[C] //Proceedings of the 2018 IEEE/ACM International Conference on Advances in Social Networks Analysis and Mining(ASONAM), Barcelona, 2018: 87-90.

[27] CHEN M, LI F, YU G,et al. Extreme learning machine based point-of-interest recommendation in location-based social networks[C] // Proceedings of the 6th International Conference on Extreme Learning Machine, Singapore, 2016: 249-261.

[28] YIN H, CUI B, HUANG Z, et al. Joint modeling of users' interests and mobility patterns for point-of-interest recommendation[C] //Proceedings of the 23rd ACM international conference on Multimedia, Brisbane, 2015: 819-822.

[29] CAI L, XU J, LIU J, et al. Integrating spatial and temporal contexts into a factorization model for POI recommendation[J]. International journal of

geographical information science, 2018, 32(3): 524-546.

[30] CHEN J P, ZHANG W, ZHANG P, et al. Exploiting spatial and temporal for point of interest recommendation[J]. Complexity, 2018, 2018:1-16.

[31] 任星怡, 宋美娜, 宋俊德. 基于位置社交网络的上下文感知的兴趣点推荐 [J]. 计算机学报, 2017, 40(4):824-841.

[32] YING J C, KUO W N, TSENG V S, et al.Mining user check-in behavior with a random walk for urban point-of-interest recommendations[J]. ACM trans on intelligent systems and technology, 2014, 5(3):1-26.

[33] 曹玖新, 董羿, 杨鹏伟, 等. LBSN 中基于元路径的兴趣点推荐 [J]. 计算机学报, 2016, 39(4): 675-684.

[34] DELDJOO Y, DACREMA, M F, CONSTANTIN M G, et al. Movie genome: alleviating new item cold start in movie recommendation[J]. User modeling and user-adapted interaction, 2019, 29(2): 291-343.

[35] YAO Z. Exploiting human mobility patterns for point-of-interest recommendation[C] //Proceedings of the 11th ACM International Conference on Web Search and Data Mining, Marina Del Rey, 2018: 757-758.

[36] WANG F, MENG X, ZHANG Y. Context-aware user preferences prediction on location-based social networks[J]. Journal of intelligent information systems, 2019, 53(1): 51-67.

[37] LU J, WU D, MAO M, et al. Recommender system application developments: a survey[J]. Decision support systems, 2015, 74: 12-32.

[38] QIAO S, HAN N, ZHOU J, et al. SocialMix: a familiarity-based and preference-aware location suggestion approach[J]. Engineering applications of artificial intelligence, 2018, 68: 192-204.

[39] LU J, SHAMBOUR Q, XU Y, et al. A web-based personalized business partner recommendation system using fuzzy semantic techniques[J].

Computational intelligence, 2013, 29(1): 37-69.

[40] LIU L G, LI W, WANG L M, et al. PCRM: increasing POI recommendation accuracy in location-based social networks[J]. KSII transactions on internet and information systems, 2018, 12(11): 5344-5356.

[41] ZHAO P, ZHU H, LIU Y, et al. Where to go next: a spatio-temporal lstm model for next POI recommendation[J]. arXiv preprint arXiv:1806.06671, 2018: 1-8.

[42] ZHAO S, ZHAO T, KING I, et al. Geo-teaser: geo-temporal sequential embedding rank for point-of-interest recommendation[C] //Proceedings of the 26th International Conference on World Wide Web Companion. Perth, Australia, 2017: 153-162.

[43] CHEN J, LI X, CHEUNG W K, et al. Effective successive POI recommendation inferred with individual behavior and group preference[J]. Neurocomputing, 2016, 210: 174-184.

[44] HE M, GU W, KONG Y. Group recommendation: by mining users' check-in behaviors[C]. Proceedings of the 2017 ACM International Joint Conference on Pervasive and Ubiquitous Computing, Maui, 2017: 65-68.

[45] GOTTAPU R D, MONANGI L V S. Point-of-interest recommender system for social groups[J]. Procedia computer science, 2017, 114: 159-164.

[46] LIU X, HUANG X, WANG Y, et al. Point-of-interest category recommendation based on group mobility modeling[C] //Proceedings of the 24th International Conference on Intelligent User Interfaces, Los Angeles, 2019: 39-40.

[47] ZHU Q, WANG S, CHENG B, et al. Context-aware group recommendation for point-of-interests[J]. IEEE access, 2018, 6: 12129-12144.

[48] SUN G, SONG L, LIAO D, et al. Towards privacy preservation for "check-in" services in location-based social networks[J]. Information sciences, 2019,

481: 616-634.

[49] LIU A, WANG W, LI Z, et al. A privacy-preserving framework for trust-oriented point-of-interest recommendation[J]. IEEE access, 2017, 6: 393-404.

[50] WANG W, LIU A, LI Z, et al. Protecting multi-party privacy in location-aware social point-of-interest recommendation[J]. World wide web, 2019, 22(2): 863-883.

[51] XU L, JIANG C, HE N, et al. Check in or not? a stochastic game for privacy preserving in point-of-interest recommendation system[J]. IEEE internet of things journal, 2018, 5(5): 4178-4190.

[52] WANG X W, YANG H, LIM K. Privacy-Preserving POI recommendation using nonnegative matrix factorization[C] //2018 IEEE Symposium on Privacy-Aware Computing, Washington, 2018: 117-118.

[53] ZHAO S, KING I, LYU M R. A Survey of point-of-interest recommendation in location-based social networks[J]. Computing research repository, 2016: 1-30.

[54] ZHANG Z Y, LIU Y. A list-wise matrix factorization based POI recommendation by fusing multi-tag, social and geographical influences[J]. Journal of internet technology, 2018, 19(1): 127-136.

[55] 司亚利, 张付志, 刘文远. 基于签到活跃度和时空概率模型的自适应兴趣点推荐方法 [J]. 电子与信息学报, 2020, 42(3): 678-686.

[56] NASERIAN E, WANG X, DAHAL K. APPR: additive personalized point-of-interest recommendation[C] //Proceedings of the 2018 IEEE Global Communications Conference(GLOBECOM), Abu Dhabi, 2018: 1-7.

[57] BOKDE D, GIRASE S, MUKHOPADHYAY D. Role of matrix factorization model in collaborative filtering algorithm: a survey[J].

International journal of advance foundation and research in computer, 2014, 1(6): 1-11.

[58] YAO L, SHENG Q Z, NGU A H H, et al. Unified collaborative and content-based web service recommendation[J]. IEEE transactions on services computing, 2014, 8(3): 453-466.

[59] LIU Y, PHAM T A N, CONG G, et al. An experimental evaluation of point-of-interest recommendation in location-based social networks[J]. Proceedings of the VLDB endowment, 2017,10(10): 1010-1021.

[60] SI Y L, ZHANG F Z, LIU W Y. An adaptive point-of-interest recommendation method for location-based social networks based on user activity and spatial features[J]. Knowledge-based systems, 2019, 163: 267-282.

[61] YANG C, BAI L, ZHANG C, et al. Bridging collaborative filtering and semi-supervised learning: a neural approach for POI recommendation[C]. Proceedings of the 23rd ACM International Conference on Knowledge Discovery and Data Mining, Halifax, 2017: 1245-1254.

[62] 冯浩, 黄坤, 李晶, 等. 基于深度学习的混合兴趣点推荐算法 [J]. 电子与信息学报, 2019, 41(4): 880-887.

[63] TOBLER W R. A computer movie simulating urban growth in the detroit region[J]. Economic geography, 1970, 46(2): 234-240.

[64] YE M, YIN P, LEE W C, et al. Exploiting geographical influence for collaborative point-of-interest recommendation[C]. Proceedings of the 34th ACM International Conference on Research and Development in Information Retrieval, Beijing, 2011: 325-334.

[65] YUAN Q, CONG G, MA Z, et al. Time-aware point-of-interest recommendation[C] //Proceedings of the 36th International ACM SIGIR Conference on Research and Development in Information Retrieval, Dublin, 2013: 363-372.

[66] YUAN Q, CONG G, SUN A. Graph-based point-of-interest recommendation with geographical and temporal influences[C] //Proceedings of the 23rd ACM International Conference on Information and Knowledge Management, New York, 2014: 659-668.

[67] CHO E, MYERS S A, LESKOVEC J. Friendship and mobility: user movementin location-based social networks[C] //Proceedings of the 17th ACM SIGKDD International Conference on Knowledge Discovery and Data Mining, San Diego, 2011: 1082-1090.

[68] ZHAO S, KING I, LYU M R. Capturing geographical influence in POI recommendations[C] // Proceedings of the 20th International Conference on Neural Information Processing, Daegu, 2013: 530-537.

[69] LIU B, FU Y, YAO Z, et al. Learning geographical preferences for point-of-interest recommendation[C] //Proceedings of the 19th ACM International Conference on Knowledge Discovery and Data Mining(SIGKDD), Chicago, 2013: 1043-1051.

[70] LIU Y, WEI W, SUN A, et al. Exploiting geographical neighborhood characteristics for location recommendation[C] //Proceedings of the 23th ACM International Conference on Information and Knowledge Management, Shanghai, 2014: 739-748.

[71] LIU B, XIONG H, PAPADIMITRIOU S, et al. A general geographical probabilistic factor model for point of interest recommendation[J]. IEEE transactions on knowledge and data engineering, 2015, 27(5): 1167-1179.

[72] BARAL R, IYENGAR S S, LI T, et al. HiCaPS: hierarchical contextual POI sequence recommender[C] //Proceedings of the 26th ACM SIGSPATIAL International Conference on Advances in Geographic Information Systems, Seattle, 2018: 436-439.

[73] ZHANG J D, CHOW C Y, LI Y. LORE: exploiting sequential influence for location recommendations[C] //Proceedings of the 22nd ACM International Conference on Advances in Geographic Information Systems(SIGSPATIAL), 2014: 103-112.

[74] ZHANG J D, CHOW C Y. CoRe: exploiting the personalized influence of two-dimensional geographic coordinates for location recommendations[J]. Information sciences, 2015, 293: 163-181.

[75] ZHANG J D, CHOW C Y. Point-of-interest recommendations in location-based social networks[J]. Sigspatial special, 2016, 7(3):26-33.

[76] LIAN D, ZHAO C, XIE X, et al. GeoMF: joint geographical modeling and matrix factorization for point-of-interest recommendation[C] // Proceedings of the 20th ACM SIGKDD International Conference on Knowledge Discovery and Data Mining, New York, 2014: 831-840.

[77] GAO R, LI J, LI X F, et al. A personalized point-of-interest recommendation model via fusion of geo-social information[J]. Neurocomputing, 2018, 273: 159-170.

[78] MA C, ZHANG Y X, WANG Q L, et al. Point-of-interest recommendation: exploiting self-attentive autoencoders with neighbor-aware influence[C] // Proceedings of the 27th ACM International Conference on Information and Knowledge Management, Torino, 2018: 697-706.

[79] YIN H, WANG W, WANG H, et al. Spatial-aware hierarchical collaborative deep learning for POI recommendation[J]. IEEE transactions on knowledge and data engineering, 2017, 29(11): 2537-2551.

[80] GAO H, TANG J, HU X,et al.Exploring temporal effects for location recommendation on location-based social networks[C] //Proceedings of the 7th ACM International Conference on Recommender Systems, Hong

Kong, 2013: 93-100.

[81] LI X, CONG G, LI X L, et al. Rank-GeoFM: a ranking based geographical factorization method for point of interest recommendation[C] // Proceedings of the 38th International ACM SIGIR Conference on Research and Development in Information Retrieval, Santiago, 2015: 433-442.

[82] HOSSEINI S, LI L T. Point-of-interest recommendation using temporal orientations of users and locations[C] //Proceedings of the 21st International Conference on Database Systems for Advanced Applications, Dallas, 2016: 330-347.

[83] ZHANG J D, CHOW C Y. TICRec: a probabilistic framework to utilize temporal influence correlations for time-aware location recommendations[J]. IEEE transactions on services computing, 2016, 9(4): 633-646.

[84] ZHAO S, ZHAO T, YANG H, et al. STELLAR: spatial-temporal latent ranking for successive point-of-interest recommendation[C] //Proceedings of the 30th AAAI International Conference on Artificial Intelligence, Phoenix, Arizona, 2016: 315-321.

[85] CHENG C, YANG H, LYU M R, et al.Where you like to go next: successive point-of-interest recommendation[C] //Proceedings of the 23rd International Conference on Artificial Intelligence, Beijing, 2013: 2605-2611.

[86] WEI W, ZHU X, LI Q. LBSNSim: analyzing and modeling location-based social networks[C] //Proceedings of the 33rd IEEE International Conference on Computer (INFOCOM), Toronto, 2014: 1680-1688.

[87] CHANG B , PARK Y , PARK D , et al. Content-aware hierarchical point-of-interest embedding model for successive POI recommendation[C] // Proceedings of the 27th International Joint Conference on Artificial Intelligence, Stockholm, 2018: 3301-3307.

[88] MOHSEN J, MARTIN E. Trustwalker: a random walk model for combining trust-based and item-based recommendation[C] //Proceedings of the 15th ACM SIGKDD International Conference on Knowledge Discovery and Data Mining, Paris, 2009: 397-406.

[89] MA H, ZHOU D, LIU C, et al. Recommender systems with social regularization[C] //Proceedings of the 4th ACM International Conference on Web Search and Data Mining, Hong Kong, 2011: 287-296.

[90] 李鑫, 刘贵全, 李琳, 等. LBSN 上基于兴趣圈中社会关系挖掘的推荐算法 [J]. 计算机研究与发展, 2017, 54(2): 394-404.

[91] YE M, YINP, LEE W. Location recommendation for location-based social networks[C] //Proceedings of the 18th international ACM SIGSPATIAL Conference on Advancesin Geographic Information Systems, San Jose, California, 2010: 458-461.

[92] GAO H, TANG J, LIU H. Exploring social-historical ties on location-based social networks[C] //Proceedings of the 6th International AAAI Conference on Weblogs and Social Media, Dublin, 2012: 114-121.

[93] GAO H, TANG J, LIU H. gSCorr: modeling geo-social correlations for new check-ins on location-based social networks[C] //Proceedings of the 21st ACM International Conference on Information and Knowledge Management, Maui, 2012: 1582-1586.

[94] CHENG C, YANG H, KING I, et al. Fused matrix factorization with geographical and social influence in location-based social networks[C] // Proceedings of the 26th AAAI Conference on Artificial Intelligence, Toronto, 2012: 17-23.

[95] LI H, GE Y, HONG R,et al. Point-of-interest recommendations: learning potential check-ins from friends[C] //Proceedings of the 22nd ACM SIGKDD International Conference on Knowledge Discovery and Data

Mining, San Francisco, 2016: 975-984.

[96] DAVTALAB M, ALESHEIKH A A. A POI recommendation approach integrating social spatio-temporal information into probabilistic matrix factorization[J]. Knowledge and information systems, 2021, 63: 65-85.

[97] SHI C, LI Y, ZHANG J, et al. A survey of heterogeneous information network analysis[J]. IEEE transactions on knowledge and data engineering, 2016, 29(1): 17-37.

[98] WANG Z S, JUANG J F, TENG W G. Predicting POI visits in a heterogeneous location-based social network[J]. Journal of advanced computational intelligence and intelligent informatics, 2016, 20(6): 882-892.

[99] YANG Y, GONG Z. Identifying points of interest using heterogeneous features[J]. ACM transactions on intelligent systems and technology(TIST), 2015, 5(4): 1-27.

[100] LI Z, XIONG F, WANG X, et al. Topological influence-aware recommendation on social networks[J]. Complexity, 2019, 2019: 1-12.

[101] WANG Z S, JUANG J F, TENG W G. Predicting POI visits with a heterogeneous information network[C] //Proceedings of the 2015 Conference on Technologies and Applications of Artificial Intelligence(TAAI), Tainan, 2015: 388-395.

[102] YAO Z, FU Y, LIU B, et al. POI recommendation: a temporal matching between POI popularity and user regularity[C] //Proceedings of the 16th IEEE International Conference on Data Mining(ICDM), Barcelona, 2016: 549-558.

[103] XIONG X, QIAO S, LI Y, et al. Affective impression: sentiment-awareness POI suggestion via embedding in heterogeneous LBSNs[J]. IEEE transactions on affective computing, 2022, 13(1):272-284.

[104] ZHANG S, CHENG H. Exploiting context graph attention for POI

recommendation in location-based social networks[C] //Proceedings of the 23rd International Conference on Database Systems for Advanced Applications, Gold Coast, 2018: 83-99.

[105] LIU Z, MENG L, SHENG Q, et al. POI recommendation for random groups based on cooperative graph neural networks[J]. Information processing & management, 2024, 61(3): 103676.

[106] YANG D,ZHANG D, YU Z, et al. Sentiment-enhanced personalized location recommendation system[C] //Proceedings of the 24th ACM Conference on Hypertext and Social Media, Paris, 2013: 119-128.

[107] 高榕, 李晶, 杜博, 等. 一种融合情景和评论信息的位置社交网络兴趣点推荐模型 [J]. 计算机研究与发展, 2016, 53(4): 752-763.

[108] CHEN D, ONG C S, XIE L. Learning points and routes to recommend trajectories[C] //Proceedings of the 25th ACM International on Conference on Information and Knowledge Management, Indianapolis, 2016: 2227-2232.

[109] 廖国琼, 姜珊, 周志恒, 等. 基于位置社会网络的双重细粒度兴趣点推荐 [J]. 计算机研究与发展, 2017, 54(11): 2600-2610.

[110] HE X, ZHANG T, LIU H, et al. An ELM-based ensemble strategy for POI recommendation[C] //Proceedings of the 9th International Conference on Extreme Learning Machine, Singapore, 2018: 292-302.

[111] WANG F, QU Y, ZHENG L, et al. Deep and broad learning on content-aware POI recommendation[C] //Proceedings of the 3rd IEEE International Conference on Collaboration and Internet Computing(CIC), San Jose, 2017: 369-378.

[112] BARAL R, LI T, ZHU X L. CAPS: context aware personalized POI sequence recommender system[J]. arXiv preprint arXiv:1803.01245, 2018: 1-17.

[113] HAO P Y, CHEANG W H, CHIANG J H. Real-time event embedding for POI recommendation[J]. Neurocomputing, 2019, 349: 1-11.

[114] FENG S, LI X, ZENG Y, et al. Personalized ranking metric embedding for next new POI recommendation[C] //Proceedings of the 24th International Joint Conference on Artificial Intelligence, Buenos Aires, 2015: 2069-2075.

[115] HE J, LI X, LIAO L, et al. Inferring a personalized next point-of-interest recommendation model with latent behavior patterns[C] //Proceedings of the 30th AAAI Conference on Artificial Intelligence, Phoenix, Arizona, 2016: 137-143.

[116] HE J, LI X, LIAO L, et al. Inferring continuous latent preference on transition intervals for next point-of-interest recommendation[C] //Proceedings of the Joint European Conference on Machine Learning and Knowledge Discovery in Databases, Dublin, 2018: 741-756.

[117] GAU H Y, LU Y S, HUANG J L. A grid-based successive point-of-interest recommendation method [C] //Proceedings of the 10th International Conference on Ubi-Media Computing and Workshops(Ubi-Media), Pattaya, 2017:430-435.

[118] YING H, WU J, XU G, et al. Time-aware metric embedding with asymmetric projection for successive POI recommendation[J]. World wide web, 2019, 22:2209-2224.

[119] CAI L, WEN W, WU B, et al. A coarse-to-fine user preferences prediction method for point-of-interest recommendation[J]. Neurocomputing, 2021, 422: 1-11.

[120] CHEN M , LI W Z , QIAN L , et al. Next POI recommendation based on location interest mining with recurrent neural networks[J]. Journal of computer science and technology, 2020, 35(3): 603-616.

[121] CHEN J, JIANG W, WU J, et al. Dynamic personalized POI sequence recommendation with fine-grained contexts[J].ACM transactions on internet technology, 2023, 23(2): 1-28.

[122] SEYEDHOSEINZADEH K, RAHMANI H, AFSHARCHI M, et al. Leveraging social influence based on users activity centers for point-of-interest recommendation[J]. Information processing & management, 2022, 59(2): 102858.

[123] Yi Q, Gao H, Chen X, et al. Human mobility pattern prior knowledge based POI recommendation[J]. Computer science, 2023, 50(9): 139-144.

[124] LI R, MENG X, ZHANG Y. A points of interest recommendation framework based on effective representation of heterogeneous nodes in the internet of things[J]. Computer communications, 2022, 196: 76-88.

[125] HUANG Z, MA H, WANG S, et al. Accurate item recommendation algorithm of itemrank based on tag and context information[J]. Computer communications, 2021: 176(1): 282-289.

[126] GAN M, MA Y. Mapping user interest into hyper-spherical space: a novel POI recommendation method[J]. Information processing & management, 2023: 60(2): 103169.

[127] LIU Q, WU S, WANG L, et al. Predicting the next location: a recurrent model with spatial and temporal contexts[C] //Proceedings of the 30th AAAI Conference on Artificial Intelligence, Phoenix, Arizona, 2016: 194-200.

[128] YANG C, SUN M, ZHAO W X, et al. A neural network approach to jointly modeling social networks and mobile trajectories[J]. ACM transactions on information systems, 2017, 35(4): 1-28.

[129] ZHU Y, LI H, LIAO L Y, et al. What to do next: modeling user behaviors by time-LSTM[C] //Proceedings of the 26th International Joint Conference on Artificial Intelligence, Melbourne, 2017: 3602-3608.

[130] ZHANG Z, LI C, WU Z, et al. NEXT: a neural network framework for next POI recommendation[J]. arXiv preprint arXiv:1704.04576, 2017: 1-17.

[131] LU Y S, SHIH W Y, GAU H Y, et al. On successive point-of-interest recommendation[J]. World wide web, 2019, 22(3): 1151-1173.

[132] CHEN Y C, THAIPISUTIKUL T, SHIH T K. A learning-based POI recommendation with spatiotemporal context awareness[J]. IEEE transactions on cybernetics, 2022, 52(4): 2453-2466.

[133] SHI M, SHEN D, KOU Y, et al. Attentional memory network with correlation-based embedding for time-aware POI recommendation[J]. Knowledge-based systems, 2021, 214(2): 106747.

[134] HUANG L, MA Y, WANG S, et al. An attention-based spatiotemporal LSTM network for next POI recommendation[J]. IEEE transactions on services computing, 2019: 1-14.

[135] LI L, LIU Y, WU J, et al. Multi-modal representation learning for successive POI recommendation[C] //Proceedings of the 11th Asian Conference on Machine Learning, Nagoya, 2019: 441-456.

[136] WANG H, LI P, LIU Y, et al. Towards real-time demand-aware sequential POI recommendation[J]. Information sciences, 2021, 547: 482-497.

[137] LYU Y, CHOW C Y, WANG R, et al. iMCRec: a multi-criteria framework for personalized point-of-interest recommendations[J].

Information sciences, 2019, 483: 294-312.

[138] 任星怡, 宋美娜, 宋俊德. 基于用户签到行为的兴趣点推荐 [J]. 计算机学报, 2017, 40(1): 28-51.

[139] 朱敬华, 明骞. LBSN 中融合信任与不信任关系的兴趣点推荐 [J]. 通信学报, 2018, 39(7): 161-169.

[140] KRASNOV F, SEN A. The number of topics optimization: clustering approach[J]. Machine learning and knowledge extraction, 2019, 1(1): 416-426.

[141] 徐前方, 王嘉春, 肖波. 融合时空上下文信息的兴趣点推荐 [J]. 北京邮电大学学报, 2018, 41(1): 37-42.

[142] LUO X, ZHOU M C, LI S, et al. A nonnegative latent factor model for large-scale sparse matrices in recommender systems via alternating direction method[J]. IEEE transactions on neural networks and learning systems, 2015, 27(3): 579-592.

[143] LUO X, ZHOU M C, LI S, et al. An inherently nonnegative latent factor model for high-dimensional and sparse matrices from industrial applications[J]. IEEE transactions on industrial informatics, 2017, 14(5): 2011-2022.

[144] MA H. On measuring social friend interest similarities in recommender systems[C] //Proceedings of the 37th International ACM SIGIR Conference on Research & Development in Information Retrieval, Gold Coast, 2014: 465-474.

[145] RONG H G, HUO S X, HU C H, et al. User similarity-based collaborative filtering recommendation algorithm[J]. Journal on communications, 2014, 35(2): 16-24.

[146] 余永红, 高阳, 王皓. 基于 Ranking 的泊松矩阵分解兴趣点推荐算

法 [J]. 计算机研究与发展 , 2016, 53(8): 1651-1663.

[147]　YANG X, ZIMBA B, QIAO T T, et al. Exploring IoT location information to perform point of interest recommendation engine: traveling to a new geographical region[J]. Sensors, 2019, 19(5): 1-24.

[148]　LU Y S, HUANG J L. GLR: a graph-based latent representation model for successive POI recommendation[J]. Future generation computer systems, 2020, 102: 230-244.

[149]　刘伟 , 黄宇成 , 杜薇 , 等 . 移动边缘计算中资源受限的串行任务卸载策略 [J]. 软件学报 , 2020, 31(6): 1889-1908.

[150]　WANG X, YANG L T, XIE X. A cloud-edge computing framework for cyber-physical-social services[J]. IEEE communications magazine, 2017, 55(11): 80-85.

[151]　GONG J, ZHAO Y, CHEN S, et al. Hybrid deep neural networks for friend recommendations in edge computing environment[J]. IEEE access, 2019, 8: 10693-10706.

[152]　YIN Y, ZHANG W, XU Y, et al. QoS prediction for mobile edge service recommendation with auto-encoder[J]. IEEE access, 2019, 7: 62312-62324.

[153]　KUANG L, TU S M, ZHANG Y Q, et al. Providing privacy preserving in next POI recommendation for mobile edge computing[J]. Journal of cloud computing (advances, systems and applications), 2020, 9(1): 1-11.

[154]　CAO K, GUO J, MENG G, et al. Points-of-interest recommendation algorithm based on LBSN in edge computing environment[J]. IEEE access, 2020, 8:47973-47983.

[155]　GONG Y, JIANG Z, FENG Y, et al. EdgeRec: recommender system on edge in mobile taobao[C]// Proceedings of the 29th

ACM International Conference on Information and Knowledge Management, Online, 2020: 1-8.

[156]　SI Y L, ZHANG F Z, LIU W Y. CTF-ARA: an daptive method for POI recommendation based on check-in and temporal features[J]. Knowledge-based systems, 2017, 128: 59-70.